字误百解

黄安靖 著

上海咬文嚼字文化传播有限公司

上海文化出版社

出 版 说 明

"咬文嚼字文库"是一套开放性的丛书。它以语言文字的研究和运用为主要内容，由上海咬文嚼字文化传播有限公司策划并组织出版。"慧眼书系"是其中的一个系列，在具体写法上，大致分为四个板块：

一是病例。一题一例或数例，它们来之于现实语文生活，又有差错的典型性。

二是诊断。就错论错，一语中的。明确指出错在哪里，错误性质，以及如何修改。

三是辨析。在要害处说道理，要让人知其然，还要知其所以然。

四是链接。由点到面，融会贯通，由此及彼，举一反三。

这套丛书力求体现出三个特点：

一是内容的针对性。不拍脑袋，不想当然，不玩概念，一切从语文生活的实际出发。

二是经验的实用性。要把话说到位，揭示语言中隐藏的规律，概括出一目了然的要点，让人看了能懂，懂了会用，而且记忆深刻。

三是解析的学理性。从一字一词入手，又不拘泥于一字一词，巧妙贯串文字学、词汇学、语法学的知识，以使全书具有整体感。

这套丛书特别适合三类读者阅读：

一是媒体从业人员。书中大量病例，也许会让他们有似曾相识的感觉。希望媒体人都能有一双善于咬文嚼字的慧眼。

二是中学教师。书中深入浅出的解说，可以成为中学语文教材的有益补充，直接应用于课堂教学。

三是高校文科学生。一册在手，轻松阅读，有利于完善自己的知识结构，更能训练出文字敏感。

这套丛书在阅读过程中，很可能出现三种情况：

一是如鱼得水，如遇知友，疑问迎刃而解，思路豁然开朗。这正是我们所期待的。

二是不时遇到障碍，感觉枯燥乏味。这时您千万要坚持一下。语言毕竟是门科学，离不开钻研二字，但只要闯过这道关，便会渐入佳境，悟到其中的妙处。

三是脑子中出现了问号，您不一定赞同书中的观点。这是读书的最高境界。我们愿意和您做进一步的讨论。

啰里啰唆，就此打住。让我们开始读吧。

目录

按（安）装　　　　　　10

甘败（拜）下风　　　　12

中西合壁（璧）　　　　14

泊（舶）来品　　　　　16

赌搏（博）　　　　　　18

巨擎（擘）　　　　　　20

何偿（尝）　　　　　　22

一愁（筹）莫展　　　　24

穿（川）流不息　　　　26

切蹉（磋）　　　　　　28

丧失怠（殆）尽　　　　30

取谛（缔）　　　　　　32

迭（跌）宕起伏　　　　34

通谍（牒）　　　　　　36

大名顶顶（鼎鼎）　　　38

连篇累渎（牍）　　　　40

防（妨）碍　　　　　　42

言简意骇（赅）　　　　44

气慨（概）　　　　　　46

卑恭（躬）屈膝　　　　48

悬梁刺骨（股）　　　　50

一股（鼓）作气　　　　52

粗旷（犷）　　　　　　54

食不裹（果）腹　　　　56

震憾（撼）　　　　　　58

浩翰（瀚）　　　　　　60

官运享（亨）通　　　　62

皇天厚（后）土　　　　64

悔（诲）人不倦　　　　66

通辑（缉）　　　　　　68

人才挤挤（济济）　　　70

草管（菅）人命　　　　72

箭（剑）拔弩张　　　　74

签（鉴）赏　　　　　　76

娇（矫）揉造作　　　　78

告戒（诫）　　　　　　80

慰籍（藉）　　　　　　82

一诺千斤（金）　　　　84

竞竞（兢兢）业业　　　86

以敬（儆）效尤　　　　88

不径（胫）而走　　　　90

杜娟（鹃）花　　　　　92

功亏一溃（篑）　　　　94

兰（蓝）色　　　　　　96

赔理（礼）道歉　　　　98

行礼（李）箱　　　　　100

黄梁（粱）一梦　　　　102

廖廖（寥寥）无几　　　104

凤毛鳞（麟）角　　　　106

杀戳（戮）　　　　　　108

美仑（轮）美奂　　　　110

罗（啰）唆　　　　　　112

捉谜（迷）藏　　　　　114

所向披糜（靡）　　　　116

沉缅（湎）　　　　　　118

观摹（摩）　　　　　　120

默（墨）守成规　　　　122

怄（呕）心沥血　　　　124

涅磐（槃）　　　　　　126

一杯（抔）黄土　　　　128

亲（青）睐　　　　　　130

磬（罄）竹难书　　　　132

长趋（驱）直入　　　　134

入场卷（券）　　　　　136

熙熙嚷嚷（攘攘）　　　138

发轫（韧）　　　　　　140

见风驶（使）舵　　　　142

不饰（事）雕琢　　　　144

有持（恃）无恐　　　　146

受（授）予奖状　　　　148

撕（厮）杀　　　　　　150

沧海一栗（粟）　　　　152

追朔（溯） 154

鬼鬼祟祟（祟祟） 156

深邃（邃） 158

锁（琐）碎 160

纷至杳（沓）来 162

如火如茶（荼） 164

迁徙（徙） 166

纯洁无暇（瑕） 168

端祥（详） 170

歪风斜（邪）气 172

反醒（省） 174

渲（宣）泄 176

寒喧（暄） 178

弦（旋）律 180

循（徇）私舞弊 182

膺（赝）品 184

水性扬（杨）花 186

亦（抑）或 188

万马齐暗（喑） 190

心心相映（印） 192

贪脏（赃）枉法 194

醮（蘸）墨水 196

蜇（蛰）居 198

饮鸠（鸩）止渴 200

旁证（征）博引 202

装祯（帧） 204

脍灸（炙）人口 206

淳淳（谆谆）告诫 208

按（安）装

［病例］据家长反映，教室里虽然按装了空调，却不能正常使用，孩子们上课时热得头昏脑胀。

【诊断】

"按装"应为"安装"。音近义混致误。

【辨析】

安，读 ān，会意字，字形从古至今基本上没有大的变化，上面的宀（mián）是房屋，下面是一位女子，合起来表示一女子静居于屋内。本义是"安静""平静"。《说文·宀部》："安，静也，从女在宀下。"

引申指"安定"。《尔雅·释诂》："安，定也。""除暴安良""济世安民"等词中的"安"用的就是此义。再引申指"安稳""稳固"。汉代刘向《烈女传·齐孤逐女》："夫柱不正，则栋不安；栋不安，则榱（cuī，椽子）橑（lǎo，屋椽）堕，则屋几覆矣。"其中的"安"即"稳固"。进一步引申指"安放""安置"。《尔雅·释诂》："安，止也。"清代郝懿行义疏："今人施物于器上曰安。""安营扎寨""安家立业"等词中的"安"就是"安放""安置"义。还引申指"安装"，即按照一定的方法、规格把机械或器材等固定在一定的地方。上述病例中说的是空调，显然应用"安装"一词。

按，读 àn，形声字，从手，安声。本义是"用手或手指压"。《说文·手部》："按，下也。"在现代汉语中，此义还一直沿用，如"按铃""按键""按脉""按摩"等。

引申指"压""止住""搁下",如"按捺""按压""按兵不动""按下此事不说"等。在古代汉语中,"按"还有"考核""审查"义。如"按验"即审查验证,"按察"即稽察审验。"按"还可用来指"依照""依据"等,如"按照""按理""按例""按说"等等。大概在清代以后,"按"还可以指"按语",即表示对文章或词句所做的说明、提示或考证,如"编者按""引者按"等等。"按"在古今汉语中义项颇多,但没有一个能和"装"搭配成词。

链接:"按察使"浅释

"按察使"是古代官名,"按"即"考核审查","察"即"巡察审视"。此官唐初始设,是赴各地"巡察""考核吏治"的官员。玄宗开元二十年(公元 732 年)曾改称"采访使",乾元元年(公元 758 年)又改称"观察处置使"。官位在各州刺史之上,权力仅次于节度使,可先斩后奏。宋代也有"按察使",主管地方司法刑狱和官吏考核。元代改称"肃政廉访使"。

明清时,"按察使"的职能有了较大变化,与其名称中的"按察"二字发生了背离,成为主管司法的官员。其官位也逐渐降低。明代中期以后成为巡抚的属官,清代则隶属于各省总督、巡抚。

甘败（拜）下风

［病例］大海中有许多小鱼，由于具备某些特殊的“武器”，而能以小胜大，使得许多大鱼不得不甘败下风。

【诊断】

“甘败下风”应为“甘拜下风”。音同义混致误。

【辨析】

拜，读 bài，金文作，象用手拔出禾苗之形。本义是“拔”。《诗经·召南·甘棠》：“勿剪勿拜，召伯所说。”郑玄注：“拜之言拔也。”

假借指表示敬意的一种礼节，行礼时两膝跪地，低头与腰平，两手至地。后来作为“行礼”的通称，不限于“拜”这种礼节。鲁迅《官话而已》：“曾经有人当开学之际，命大学生全体起立，向着鲍罗廷一鞠躬，拜得他莫名其妙。”这里的“拜”显然指的是行鞠躬礼。现在人们常说的“叩拜”“对着神像拜了拜”“请受我一拜”等等，其“拜”也是“行礼”的通称。引申表示“行礼致敬，表示祝贺”，如“拜年”“拜寿”等。还可指“尊崇”“敬奉”，如“崇拜”“拜服”“拜物教”等等。古代授予重要官职，有时皇帝要举行隆重仪式，并向接受官位的人行礼，所以“拜”又引申指“授予官职”，如“官拜大将军”“拜蔺相如为上大夫”等等。古代结成同盟或缔结其他关系，也要举行仪式并行礼，所以“拜”还引申指“结成某种关系”，如“拜师”“拜把子”等等。“拜”还可以作“敬辞”，用于人事来往，如“拜托”“拜读”“拜望”“拜识”等等。

甘，心甘情愿；拜，向人行礼；下风，风向的下方，比喻劣势、低下的位置。"甘拜下风"是个成语,意思是心甘情愿居于低下的位置向人行礼,表示真心佩服,自认不如对方。

败,读 bài,形声字,从攵(读 pū,即"支",轻轻击打),贝声,本义是"搞坏""毁坏"。现在常说的"身败名裂""伤风败俗""成事不足,败事有余"等等,用的就是本义。引申指"在战争或竞赛中失败",如"六国败于秦国""甲队以大比分败给了乙队"。也指"使失败""打败(敌人或对手)",如"盟军在诺曼底大败德军""女足姑娘终于打败强劲的对手"等等。还指"凋谢""衰落",如"菊花败了""他们家在战乱中逐渐败了"等等。

也许"甘拜下风"常用在"失败"者的身上,有人便把"拜"误成"败"。

链接:"礼节"简介

我国是"礼仪之邦",有崇尚礼仪、注重礼节的社会传统。在长期的社会发展中,形成了各种各样的礼节。试举几例。

打拱。两手抱拳或两手相合至胸,臂的前部上举,略微摆动。

作揖。双手抱拳至胸,上身前倾。

打恭。上身弯曲,有时弯至九十度,两手相抱,下上移动。

跪拜。两膝着地,腰及大腿伸直,上身端直,前倾,双手伏地,以头碰地。

三拜。跪拜礼重复三次。行跪拜礼后两手相拱于地,俯首至手,重复三次。

九叩。该礼节是清代最庄重的大礼,行礼时,先放下马蹄袖,然后跪下挺直上身,将右手伸平举起到鬓角处,手心向前,然后放下,再举起再放下,连举三次站起。民间一般不用此礼。

中西合壁（璧）

[病例]他们的婚礼是中西合壁式的，上午在教堂举行结婚仪式，下午搞了个茶会，傍晚在大酒店摆了个"满汉全席"。

【诊断】

"中西合壁"应为"中西合璧"。音同形似致误。

【辨析】

璧，读 bì，形声字，从玉，辟声。本义指"圆形的美玉"。《说文·玉部》："璧，瑞玉，圆也。"《汉语大词典》则释为："玉器名。扁平、圆形、中心有孔。边阔大于孔径。古代贵族用作朝聘、祭祀、丧葬时的礼器，也作佩带的装饰。"

合璧，本指把两个半圆形的璧合成一块完整的圆形璧。汉代时，人们用"合璧"比喻一种天文现象，即日、月与金、木、水、火、土五星在天空中合聚。唐代时，人们用"合璧"比喻皇帝与皇后合葬。大概从清末开始，人们用"合璧"比喻两种事物完美地结合在一起。如《文明小史》第六十回："柳如是的画兰，有钱蒙叟的题咏，多是夫妇合璧，这就很不容易呢！"如张天翼《清明时节》："他自己认为这个称呼很得体，并且是新旧合璧的。"

中西合璧，即中国和西洋的精华完美地结合在一起。

壁，读 bì，形声字，从土，辟声。本义是"墙壁"。"合壁"只能理解为把两堵墙合在一起。这显然不符合上述例句中的意思。

链接：再说"璧"

璧是一种玉质环状物。《尔雅·释器》云："肉倍好谓之璧，好倍肉谓之瑗，肉好若一谓之环。""肉"指边，"好"指孔。意思是：边是孔一倍大的是璧，孔是边一倍大的是瑗，边与孔一样大的是环。实际出土的玉器很少合乎这些比例，《尔雅》说的只是大致的标准。

璧是上古时期祭天的重要的礼器。《周礼·春官·大宗伯》记载："以玉作六器，以礼天地四方。以苍璧礼天，以黄琮（cóng，方柱形或长筒形，中间有孔）礼地，以青圭（guī，长方形，尖顶）礼东方，以赤璋（zhāng，长条板状形）礼南方，以白琥（hǔ，虎形）礼西方，以玄璜（huáng，形如半璧）礼北方"。

玉璧最早出现在新石器时代。最早的玉璧是在红山文化遗迹中出土的，良渚文化遗迹有大量出土。玉璧在商周时期比较兴盛，汉代以后逐渐式微。

泊（舶）来品

[病例] 每一个炎黄子孙都要深思，鸦片是从什么地方来的，为什么这泊来品在神州大地上骤然流行起来。

【诊断】

"泊来品"应为"舶来品"。音同致误。

【辨析】

舶，读 bó，形声字，从舟，白声。本义指"船"。《广雅·释水》："舶，舟也。"引申指"航海的大船"。《玉篇·舟部》："舶，大船。" 由于旧时外国商品主要是用大船从海上运来的，所以"舶"又引申指"外国来的"。如"舶物"即指外国运来的货物，"舶贾（gǔ）"指外国来的商人。

"舶来"本是一个动词，指外国船舶载货前来。如《旧唐书·李勉传》："勉性廉洁，舶来都不检阅。"后也泛指从外国引进其他东西。如朱自清《评郭绍虞〈中国文学批评史〉》："'文学批评'一语，不用说是舶来的。"

"舶来品"即从外国进口来的货物。如鲁迅《从幽默到正经》："当提倡国货声中，广告上已有中国的'自造舶来品'，便是一个证据。"也指从外国引进来的思想文化、语言艺术等等其他东西。如《新华月报》2007 年第 5 期《中国话剧百年足迹》："话剧原本是西方舶来品，英语名为 Drama，最初中文译名曾用过新剧、文明戏、爱美剧等名称。1928 年洪深提议将其定名为话剧，以与西方歌剧（Opera）、舞剧（Dance Theater）相区别，得到公认，从此沿用下来。"

泊，读 bó，形声字，从水，白声。本义是指"船只靠岸"。《玉篇·水部》："泊，止舟也。""船泊码头"即船只在码头靠岸。泛指"停留"，如"泊车"即停放车辆，"泊位"即指停船停车的位置。也指"恬静"，如"淡泊"。

"泊"还可读 pō，指湖，如"湖泊""梁山泊""罗布泊"等。

"泊"与外来品相距甚远，"舶来品"绝对不能写作"泊来品"。

链接：古代形形色色的"船"

"船"是古人生活中的重要物品，古代有各种各样的船，并且各地对船的称呼也不完全相同。因此，在古汉语词汇系统中有形形色色的"船"。试举例如下。

1. 舠。《说文·舟部》："舠，小船。"

2. 航。《方言·卷九》："舟，自关而东或谓之航。"

3. 舫。《尔雅·释言》："舫，舟也。"

4. 舸。《方言·卷九》："南楚、江、湘，凡船大者谓之舸。"

5. 舴艋。《玉篇·舟部》："舴艋，小船。"

6. 艇。《说文新附》："艇，小舟也。"

7. 艃。《玉篇·舟部》："艃，舟短小者。"

8. 艘。《广韵·萧韵》："艘，船总名。"

9. 艨艟。《广韵·东韵》："艨艟，战船。"

10. 舰。《释名·释船》："上下重床曰舰，四方施板以御矢石，其内如牢槛也。"

赌搏（博）

[病例]他一直养尊处优，完全靠父母养活，父母百年之后，还染上了赌搏的恶习，最后债台高筑，走投无路下走向了犯罪的路。

【诊断】

"赌搏"应为"赌博"。音同形似致误。

【辨析】

博，读 bó，形声字，从十，从尃，尃亦声。本义是"通达、广博"。《说文·十部》："博，大通也。从十，从尃，尃，布也。"

在古汉语中，"尃"有分布之义，"博"的本义"通达、广博"表示的其实就是"广泛分布"，二者之间有相通之处。所以"博"从"尃"不难理解。但"博"为什么从"十"呢？这引起了学者的兴趣，纷纷提出了多种自圆其说的解释。其中认同度比较高的说法是，"十"的一横表示东西，一竖表示南北，合起来表示东西南北皆齐备。这正是"博"所表示的意思，所以"博"从"十"。

从本义引申出"大"义。《广韵·铎韵》："博，大也。"又引申指"广"。曹植《赠丁仪》："在贵多忘贱，为恩谁能博。"吕向注："博，广也。"再引申指"多""丰富"，如"渊博""博学""地大物博""博大精深"等等。在后世，"博"还有"赌博"义，这似乎和"博"的本义毫无关系，那么这个意义究竟从何而来呢？

这还得先介绍"簙"字。簙，读 bó，形声字，从竹，博声。

本义指古代的一种游戏，即"局戏"。《说文·竹部》："簙，局戏也，六箸十二棋也。从竹，博声。"在古籍中，"簙"可与"博"通假。段玉裁《说文解字注》："簙，经传多假博字。"这就是说，表示"局戏"的"簙"字，在古代典籍中大多写成"博"。这样一来，"博"就可以表示"局戏"了。《论语·阳货》："不有博弈者乎。"朱熹集注："博，局戏也。"

我们知道，赌博常和游戏分不开，人们经常用游戏进行赌博，比如玩扑克牌是一种游戏，但常有人用扑克牌进行赌博。古人也一样，常用局戏赌博。所以，"博"后来就由"局戏"引申指"赌博"。

搏，读 bó，形声字，从手，尃声。本义是"用手击打"，即"搏斗"。"搏杀""拼搏""肉搏"等词，用的就是本义。又引申指"跳动"，如"脉搏""搏动"等等。"赌博"不能写作"赌搏"。

链接："局戏"简介

"局戏"在古籍中多称作"博"或"簙"。估计"局戏"是俗称，典籍中则称"博"或"簙"。

"局戏"是一种两人对坐掷箸走棋比出胜负的游戏。棋盘称作局，局上有十二条局道，两头当中名为"水"，其中放有"鱼"。棋子十二枚，六黑六白，每人六枚。掷具由竹木制成，称为箸，一共六枝。箸后来也用骨、玉制作，称为琼。玩时先掷箸或琼来决定谁走棋，以走到对方的"水中"钓到"鱼"为目的，钓到"鱼"便可获得棋筹，得筹多者取胜。

巨擎（擘）

[病例] 一七九一年底的一个夜晚，巴黎人民在火炬照耀下，为法国启蒙运动的巨擎伏尔泰举行了极其隆重的迁葬游行。

【诊断】

"巨擎"应为"巨擘"。形似致误。

【辨析】

擘，读 bò，形声字，从手，辟声，指"大拇指"。《尔雅·释鱼》："蝮虺（传说中的毒蛇）博三寸，首大如擘。"郭璞注："头大如人擘指。"陆德明释文："擘，大指也。手足大指俱名擘。"

巨擘，亦即大拇指，比喻杰出的人物。《孟子·滕文公下》："于齐国之士，吾必以仲子为巨擘焉。"赵岐注："巨擘，大指也。"仲子即陈仲，齐国贤士。这句话的意思是：在齐国的贤士之中，孟子把陈仲子当成杰出人物。在现代汉语中，"巨擘"同样是个使用频率非常高的常用词。臧克家《往事忆来多》："我崇拜鲁迅、郭老、茅盾先生，因为他们是万众景仰的革命先进，文坛巨擘。"

擎，读 qíng，形声字，从手，敬声。本义是"举、托"。《广雅·释诂》："擎，举也。"《红楼梦》第二十五回："贾政便向宝玉项上取下那块玉来，递与他二人，那和尚擎在掌上。""擎在掌上"即托在手掌之上。"擎"的本义现在还很常用。如："奥运会开幕式上，姚明手中擎着红旗，带领中国队全体队员，缓步走进体育场。"引申指"支撑""承受""持着"等。成语有"众擎易举",意思是许多人一齐用力,就很容易把东西举起来,比喻大家同心协力,就容易把事情做成功。

链接:"擘"字补说

"擘"是个多义字,除了指"大拇指"外,还有其他许许多多的"擘"在汉语中也很常用,略补充如下。

首先有"分开""裂开"之义。《广雅·释诂》:"擘,分也。"如:"擘坼"即开坼;"擘齿"即破裂缺损。

引申指"分析""分辨"。如,"擘析"即分析、剖析。"擘肌分理"比喻分析事理精密细致。理,指肌肉上的纹理。"擘两分星"谓很小的重量都分辨得清清楚楚,比喻准确清楚。两,较小的重量单位;星,秤杆上标示斤两的小点子。

再引申指"筹划""安排"。汉语中有"擘画"一词,意思就是筹划、布置。

古代写字、篆刻时,为求字体大小匀称,以横直线分格,叫"擘窠"。擘,分;窠,框格。由于写大字,常先以横直线分格,再书于其中,所以"大字"古称"擘窠书"。

何偿（尝）

[病例]尽管我们遇到了暂时的危机，但危机又何偿不是机遇呢？我们应该对战胜危机充满信心，要有化危机为机遇的气魄。

【诊断】

"何偿"应为"何尝"。音同致误。

【辨析】

尝，读 cháng，繁体字作"嘗"，形声字，从旨，尚声。本义是"辨别滋味"，即吃一点试试。《说文·旨部》："尝，口味之也。从旨（义"甘、美"），尚声。"《大戴礼记·曾子大孝》："尝而进之。"王聘珍解诂："尝者，谓尝其旨否也。""尝鲜""品尝""尝鼎一脔（luán，切成小片的肉）""卧薪尝胆"等词中的"尝"，用的就是本义。

引申指"试探"。《左传·襄公十八年》："臣请尝之。"杜预注："尝，试其难易也。"还引申指"经历"。段玉裁《说文解字注》："引申凡经过者为尝，未经过者为未尝。"再由"经历"引申指"曾经"。"未尝"意思就是"未曾"。

"何尝"是副词，意思大致相当于"何曾"，表示从来没有过。如"你何尝想过自己的缺点""我何尝说过这等不近人情的话"等等。根据上述例句的意思判断，它用的正是"何尝"一词。

偿，读 cháng，繁体字作"償"，形声字，从人，赏（"赏"的繁体字）声。本义是"赔偿""偿还"。《说文·人部》："償（偿），还也。""偿付""偿命""报偿""补偿""抵

偿""赔偿""清偿""得不偿失"等等词语中的"偿",
用的就是本义。引申指"满足"。如"如愿以偿"意思就是
愿望像自己希望的那样得到了满足。在古今典籍中,从未见
人把"何尝"写成"何偿"。

链接:"嚐"字不规范

曾在某报上见到这样一句话:

他在国外辛苦了大半辈子,一到香港国际机场,就受
到接机群众热烈的欢迎,第一次嚐到了祖国的温暖。

据句意判断,其中的"嚐"应该是"尝"。为什么"尝"
会被误成"嚐"了呢?

原来,有这句话的这篇消息来自《香港文汇报》,而《香
港文汇报》是用繁体字排的。我估计在《香港文汇报》上这
个"嚐"是写作"嚐"的,"嚐"是"嘗"的异体字,而"嘗"
是"尝"的繁体字。1955 年 12 月,国家颁布《第一批异体
字整理表》,正式废除了"嚐"字,只保留"嘗"。后来《简
化字总表》颁布实施,又把"嘗"简化成"尝"了。

可能采编者不知道"嚐"已作为"嘗"的异体字被废除,
而依据偏旁类推简化原则,把"嚐"简化成了"嚐"。《香
港文汇报》不使用简化字,在它的文章中出现"嚐"是可以
理解的。但我们把这个字转成简化字时,一定要写成"尝",
千万不能写成"嚐"。

一愁（筹）莫展

[病例]她垂头丧气，一愁莫展，在极度无奈中，大喊一声："你到底洗不洗？我喊'一、二、三'了！"

【诊断】

"一愁莫展"应为"一筹莫展"。音同义混致误。

【辨析】

筹，读 chóu，形声字，从竹，寿声。古代有"投壶"的游戏，即把箭矢投入壶中。筹，就是投壶所用的矢。《说文·竹部》："筹，壶矢也。""投壶"最后要数壶中箭矢的多少，多者取胜，所以"筹"后来引申出"算计"义。再进一步引申出"策划""筹措""谋划""计策"等意思。

"一筹莫展"是个成语，意思是一点计策也施展不出来。此成语原作"一筹不画"，语出宋代吴泳《鹤林集·张范授武翼郎制》："言之则利析秋毫，行之则一筹不画，宁不误我王事哉？"又作"一筹不吐"，"吐"义为"发表"。《宋史·蔡幼学传》："近臣当效忠而以忤旨摒弃，……群臣尽废，多士盈庭而一筹不吐。"大约从明代起，"一筹莫展"逐渐定型。偶尔也出现"莫展一筹""半筹不展"。如明张居正《张文忠公全集·与王鉴川计四事四要》："本兵错愕惶惑，莫展一筹。"《三国演义》五十四回："周瑜虽能用计，岂能出诸葛亮之料乎？略用小谋，使周瑜半筹莫展。"

愁，忧愁。"一筹莫展"的人，也许都有"忧愁"之状，正因为此，许多人将"一筹莫展"误成了"一愁莫展"。

链接："范筹"乎？"范畴"乎？

"筹"也常与"畴"相误，比如"范畴"就有人误写成"范筹"。重庆卫视《龙门阵》栏目曾播出《一个发廊女的悲剧》，节目的最后，主持人说："从事卖淫活动是违法的，更不用说道德范畴的问题。"字幕就把"范畴"误成了"范筹"。

范，原指制作器物的模子，如钱范即铸钱的模子，铜范即铸铜器的模子，引申指规范、法度等意思。畴，原指已耕作的田地，如田畴即田地。引申指田地的分界、事物的类型等。"范畴"出自《尚书·洪范》："天乃赐禹洪范九畴。"洪，大、根本。这句话的意思是：上天赐给大禹治理天下的根本大法九种类型。后来从中提炼出"范畴"一词，表示某事所属的"类型"，或某事所属的"范围"。

古希腊有个哲学概念"kategoria"，指各门科学知识的基本概念。各门科学都是由这些基本概念严密组织的系统，这些基本概念各自的"范围"、所属的"类型"必须高度清晰。因此，人们就用"范畴"翻译"kategoria"一词。

可见，应写作"范畴"。

穿（川）流不息

［病例］在穿流不息的脚步声里，在如此嘈杂的喧闹声中，他居然踏踏实实地睡了三小时觉，这真让我吃惊。

【诊断】

"穿流不息"应为"川流不息"。音同义混致误。

【辨析】

川，读 chuān，甲骨文作川，象形字。本义指"水道、河流"。此义一直是"川"的基本义，如"名山大川""河川"等等。

"川流不息"是个成语，语本《论语·子罕》："子在川上曰：逝者如斯夫！不舍昼夜。"川，即河流。孔子在河边，感叹说：消失的东西如同这河水一样，昼夜不停止。孔子以河水流逝不停，比喻时光飞速流逝。

大约在南北朝时期，逐渐固定成"川流不舍"或"川流不息"的四字结构。如梁萧绎《金楼子·后妃》："川流不舍，往而不还者，年也。"梁周兴嗣《千字文》："川流不息，渊澄取映。"其义与原来一样，还是指河水不停地流逝，比喻时光飞速流逝。

大约从隋代开始，人们开始用"川流不息"比喻行人、车马、船只等像流水一样，连续不断。如隋侯白《启颜录·千字文语乞社》："遂乃肆筵设席……酒则川流不息。"《儒林外史》第二十七回："两个丫头川流不息地在家前屋后地走，叫得太太一片声响。"沈从文《主妇》："她是不是也随着这川流不息的日子，变成另外一个人呢？"

穿，通过、横过。"穿流不息"只能理解成"横过河流不停息"，这显然有违成语的原义。

链接：说"穿"

穿，读 chuān，会意字，从穴，从牙。段玉裁认为：牙即鼠牙，从穴从牙表示老鼠用牙咬，打洞。所以，"穿"的本义是"打洞""穿透"。《说文·穴部》："穿，通也。"《字汇·穴部》："穿，贯也。""穿耳""穿山甲"等等用的都是本义。引申指"透过、通过"等等，如"穿心莲""穿城""穿透""穿越"等等。再引申指"透彻、败露"等，如"他把所有事情都看穿了""事情已经穿了，别再狡辩"等等。穿衣、穿裤、穿袜等等，就是手、脚等通过袖筒、裤筒、袜筒而把衣裤袜套在身上的相应部位，所以也称"穿"。

切蹉（磋）

[病例] 两位国画大师都是苏州人，有数十年的交情，他们至今还经常在一起切蹉画艺。

【诊断】

"切蹉"应为"切磋"。音同形似致误。

【辨析】

磋，读 cuō，形声字，从石，差声。本义是"把象牙磨制成器物"。《玉篇·石部》："磋，治象也。"为什么这个字从"石"呢？大家都知道，制作玉器、骨器等器物，现在主要用砂轮打磨。古代没有现今的砂轮，而用一种类似磨刀石一样的粗质石头磨制。把象牙磨制成器物，当然也用这种石头磨，这就是"磋"以"石"作义符的原因。古代制作器物，原料不同称呼也不一样，制作普通骨器叫"切"，而用象牙制作器物则叫"磋"。《诗经·卫风·淇奥》："如切如磋。"毛传："治骨曰切，象曰磋。""磋"后来也泛指"磨擦"。《搜神记》卷十八中说："（鬼）瞋目磋齿，形貌可恶。""瞋目磋齿"即瞪眼直视，牙齿磨得咯咯响。

磨制器物，不可能一蹴而就，总有一个反反复复的过程，要下一番真功夫。研讨或商量某事，双方也有个反复琢磨的过程，所以"磋"还可引申指"研讨""商量"，如"磋商"即反复商量、仔细研讨。

切磋，是由意思相近的两个语素组成的并列式合成词，比喻相互商量、研讨。

蹉，读 cuō，形声字，从足，差声。"蹉"最早用在叠

28

韵联绵词"蹉跎"一词中，指"失足""跌倒"之义。《广雅·释训》："蹉跎，失足也。"后世"蹉"也可单用，指"跌""倾倒""失误""差错"等义。现代汉语中，人们还经常使用的"蹉跌"一词，意思就是失足跌倒，常比喻失误。

"切蹉"不成词，讲不通。

链接："象牙"补说

在现代工艺中，"象牙"有广狭二义，狭义是指雄性象的獠牙，广义还包括其他动物（比如野猪等动物）的獠牙。可以用来加工成骨针、筷子等生活用品，也是雕刻工艺品的高级原材料。

所有动物牙齿的化学成分是相同的，仅仅颜色、疏密度上有些许差异而已，因此出自不同动物身上的"象牙"材料，差别不是非常明显。

獠牙是伸出嘴唇之外的长牙，一般作防御武器之用（其他牙齿是用来咀嚼食物的），由牙髓、牙髓腔、牙本质、牙骨质和珐琅质组成。牙本质是主要组成部分，主要成分是羟基磷灰石，内部有非常细小的管道，从牙髓腔向外辐射到牙骨质。不同动物的牙本质管道的三维结构，略有不同，直径从 0.8 到 2.2 微米不等。牙雕所用的材料，主要是指牙本质部分。

丧失怠（殆）尽

[病例] 这家公司目前正陷入严重的困局，除了巨额债务问题难以化解外，员工的信心也几乎丧失怠尽。

【错例】

"丧失怠尽"应为"丧失殆尽"。音同致误。

【辨析】

殆，读 dài，形声字，从歹，台声。歹，同歺，读 è，剔去肉后的残骨。殆，本义是"危亡""危险"。《说文·歺部》："殆，危也。""知己知彼、百战不殆"意思就是，在战争中对敌我双方的情况了解得十分清楚、透彻，打一百次都不会有危险。汉语中有"危殆"一词，指形势、生命等危险到不能维持的地步。

引申指"疲困""困乏"。《庄子·养生主》："以有涯随无涯，殆已。"陆德明释文引旧注云："殆已，疲困之谓。"再引申指"疑惑"。《史记·扁鹊仓公列传》："良工取之，拙者疑殆。"王念孙《读书杂志》："殆，亦疑也。"还可指"几乎"。《礼记·檀弓上》："夫子殆将病也。"郑玄注："殆，几也。"

"殆尽"是汉语中的常用词语，意思是近于完竭、几乎穷尽。上述例句中的"丧失殆尽"，即丧失得几乎穷竭。

怠，读 dài，形声字，从心，台声。本义是"轻慢""怠慢"。《说文·心部》："怠，慢也。"引申指"疲倦"。《孙子·用间》："怠于道路。"杜牧注："怠，疲也。"再引申指"松懈""懒惰"。《礼记·檀弓上》:"吉事虽止不怠。"郑玄注:"怠,惰也。"现代汉语中,"怠工""倦怠""懒怠"等词中的"怠",就解释为松懈、懒惰。

链接:"严惩不怠"?"严惩不殆"?"严惩不贷"?

请看下面的句子:

1. 对于屡教不改的不法分子,绝不姑息,一律严惩不怠。

2. 如果有人胆敢违反本命令,一定严惩不殆。

3. 对这种不可思议的流氓行为,必须依照法律严惩不贷。

这三句话,第一句用"严惩不怠",第二句用"严惩不殆",第三句用"严惩不贷",究竟哪个正确呢?当然是"严惩不贷"!

贷,读 dài,形声字,从贝,代声,本义是"把钱财等施舍给别人"。《说文·贝部》:"贷,施也。"引申指"把财物借给别人"。《广雅·释诂二》:"贷,借也。"把东西给别人或把东西借给别人,对别人来说,无疑是一种宽容的行为,所以"贷"又引申指"宽容"。《汉书·朱博传》:"时有大贷。"颜师古注:"贷,谓宽假(即宽容)于下也。"又由"宽容"引申指"原谅""饶恕"。《资治通鉴·汉纪十九》:"数蒙恩贷。"胡三省注:"宥(yòu,宽恕、原谅)罪曰贷。"

"严惩不贷"是个成语,意思是严厉惩办或处罚,决不宽容饶恕。把其中的"贷"写作"怠"或"殆",成语的意思就没法理解了。

取谛（缔）

【诊断】

"取谛"应为"取缔"。音同形似致误。

【辨析】

缔，读 dì，形声字，从糸，帝声。本义指绳子的结打得很牢，不可解开。《说文·糸部》："缔，结不解也。"引申指"结合"。如"缔结"即结交，"缔合"即结合，"缔好"即结好。再引申指"订立"。如"缔约"即订立盟约，"缔婚"即订立婚约。还引申指"建造""构造"。如"缔造"即经营创建，"缔构"即建造。

缔，也可由本义引申指"关闭"。《小尔雅·广言》："缔，闭也。""取缔"是个常用词，即取消、关闭或禁止。如"这些扰乱秩序的小贩，都是应该非取缔不可的""这条街上的地下钱庄，早已被政府取缔了"等等。

谛，读 dì，形声字，从言，帝声。本义是"注意""细察"。《说文·言部》："谛，审也。"《三国志·廖立传》："军当远行，卿诸人好谛其事。"其中的"谛"即"细察"之义。引申指"仔细"，如"谛视"即仔细察看，"谛听"即仔细地听。也引申指"领悟"。如鲁迅《河南卢氏曹先生教泽碑文》："或未有谛，循循诱之。""未有谛"即没有领悟。

佛教用"谛"意译梵文 Satya，表示真实无谬的道理。

唐代高适《听九思法师讲〈金刚经〉》诗："途经世谛间，心到空王外。"孙钦善注："世谛，佛家语，亦称俗谛，即世俗间所认为的真实道理。"也泛指一般的道理。

链接：说"真谛"

上文说到"俗谛"一词，也叫"世谛"，佛家指世俗间的真实道理。在佛家用语中，与"俗谛"相对的是"真谛"，又称"胜义谛""第一义谛"。"真谛"与"俗谛"合称"二谛"。

佛教认为，就现象而言，一切事物是"有"，这是顺着世俗道理说的，称"俗谛"。就本质而言，一切事物是"空"，也叫"无"或"无自性"，这才是顺着所谓"真理"说的，称为"真谛"。

"真谛"一词现在多指事物的究竟、本质、真理。

迭（跌）宕起伏

[病例]她的声腔圆润，做派和亮相都十分讲究，故事随着剧情发展而迭宕起伏。

【诊断】

"迭宕起伏"应为"跌宕起伏"。音近义混致误。

【辨析】

跌，读 diē，从足，失声。本义是"失足摔倒"。如"跌跤""跌倒了爬起来"等等。引申指"晃荡""颠动"，如闻一多《红烛·秋之末日》："和西风酗了一夜的酒，醉得颠头跌脑。"再引申指"放荡不羁"。《说文·足部》："跌，踼（táng，跌倒）也。"徐锴《说文系传》："跌踼，迈越不拘也。"

宕，读 dàng，从宀，砀省声。本义是"洞屋"，即四周空洞无遮蔽之屋。引申指"通过""穿过"。再引申指"不受拘束""放纵"。

跌宕，即放荡不拘。清代孔尚任《桃花扇·听稗》："这笑骂风流跌宕，一声拍板温而厉，三下《渔阳》慨以慷！"王季思等注释："放荡不受拘束的意思。"引申指"纵情""沉溺"。金代朱之才《后薄薄酒》："李白跌宕三百杯，阮籍沉酱（yòng，酗酒至乱）六十日。"还指"文笔、笔法豪放，富于变化"。康有为《〈人境庐诗草〉序》："苟有其人欤，其为政风流，与其诗文之跌宕多姿，必卓荦绝俗，而有其可传者也。"也可指"音调抑扬顿挫"。宋代陆游《自喜》诗："狂歌声跌宕，醉草笔横斜。"还可指"上下""起伏"。

《小说选刊》1981年第9期："关于大张和莫愁的亲事，在老太婆心里是波浪起伏几经跌宕的了。"

迭，读dié，从辵，失声。本义是"交替"。《广雅·释诂三》："迭，代也。"引申指"轮流""替换"，如"更迭"。再引申指"屡次"，如"迭有新发现""迭挫强敌"。

"跌宕"显然不能写作"迭宕"。

链接："跌宕"可能是联绵词

"跌宕"是一个使用频率很高的词语，在古汉语语境中，还可写作"跌荡""跌踢""跌荡"等。试举几例：

1. 遂入馆，然跌荡不羁，剧饮尚气节，视天下无难事，不为小廉曲谨以投苟合。（《宣和书谱·石延年》）

2. 鬼神非人世，节奏颇跌踢。（韩愈《岳阳楼别窦司直》诗）

3. 轼（苏轼）也使人跌荡而无主，设两可之辩，伏无穷之辞。（章炳麟《訄书·学蛊》）

也许可以据此认为，"跌宕"是一个双声联绵词。联绵词的特点是其义与语音相系，不同的人可能选取不同的字来记录。所以联绵词往往有多种不同的写法，如"犹豫"有"犹与""由与""尤与""犹移""犹夷"等多种写法，"徜徉"又作"尚佯""尚羊""常羊""相佯"等。章炳麟先生在《新方言·释言》中说："今淮南谓人之有才者曰跳踢，或曰亭丈，即跌踢之转音。古语倜傥亦此字也。"章先生的话似乎支持了这种猜测。"跌宕"与"倜傥"的词义是相通的，这不用举证说明。总之，"跌宕""跌荡""跌踢""跌荡""跳踢""亭丈""倜傥"等，很有可能是同一个联绵词的不同词形。

这仅仅是笔者的一种猜测，有兴趣的朋友可再做深入研究。

通谍（牒）

［病例］联军下达最后通谍，如果不在 5 月 18 日凌晨前撤掉炮台，将把码头炸成一片灰烬。

【诊断】

"通谍"应为"通牒"。音同形似致误。

【辨析】

牒，读 dié，形声字，从片，枼声。本义指"古代书写用的竹片或木片"。在东汉以前，还没有纸张，书写多用竹简或木简，这就是"牒"。《说文·片部》："牒，札也。"段玉裁注："厚者曰牍，薄者曰牒。"可见，在古代书写所用的竹木简，通言之都叫"牒"，细言之则厚的叫"牍"、薄的叫"牒"。

引申指"书籍"。《资治通鉴·汉纪四十八》："未有录牒。"胡三省注："牒，籍也。"还引申指"家谱""族谱"，即通常所说的谱牒。《玉篇·片部》："牒，谱也。"再引申指"公文"。《增修礼部韵略·帖韵》："牒，官府遗文谓之牒。"在唐代，"牒"大概专用于下级官员呈给上级官员的文书。《新唐书·百官志一》："下之达上，其制有六……六曰牒。"

"通牒"即一个国家通知另一个国家并要求对方答复的外交文书。如果一个国家用"通牒"的方式，对另一个国家提出必须接受其某种要求，否则将使用武力或采取其他强制性措施，并限定在一定的时期内作出答复，这种"通牒"就是"最后通牒"。

谍，读 dié，形声字，从言，枼声。本义指"间谍""侦探"。《说文·言部》："谍，军中反间也。""间谍"又不是"说客"，为什么"谍"以"言"为义符呢？这是因为古代通信不发达，间谍刺探到情报以后主要用"语言"的形式，直接把情报告诉给上级长官。《左传·桓公十二年》："使伯嘉谍之。"杜预注："谍，伺（窥伺、窥探）也。"孔颖达疏："谓诈为敌国之人，入其军中伺候（窥测），间隙（可乘之机）以反报其主，故此训谍为伺，而兵书谓之反间也。"

链接：古人重"谍"

古人很重视"间谍"的作用，"用间"是我国古代重要的军事思想。《孙子兵法》中有《用间篇》，专谈"间谍"在军事中的作用。

孙子说：好的将领在于能够预先知道敌情。这就不能仅凭经验办事，一定要发挥间谍的作用。孙子把间谍分成五类，即"因间、内间、反间、死间、生间"。所谓因间，就是利用敌国家乡人为间谍；所谓内间，就是利用敌国朝中官员做间谍；所谓反间，就是利用敌方派来的间谍，使之反过来为我方效力；所谓死间，就是故意在外散布假消息，并让打入敌人内部的我方间谍明白真实意图，直接把假情报告诉敌人并让敌人深信不疑，这可能会给我方间谍带来生命危险，故称死间；所谓生间，就是让我方间谍能活着回来亲自报告敌情。孙子认为，能够熟练运用这五种间谍的人，就没有他所不知道的事，能跟神一样料敌先机，预知敌人的动向。

孙子还指出，打仗一定要重视间谍的工作，要给有功的间谍以重赏，让有能力的"仁义"之士充当间谍。

大名顶顶（鼎鼎）

[病例]古墓的主人到底是谁？后经过专家多方求证，原来就是历史上大名顶顶的晋国赵简子。

【诊断】

"大名顶顶"应为"大名鼎鼎"。音同义混致误。

【辨析】

鼎，读 dǐng，象形字。本义指一古器物，盛行于商、周，常见的为三足两耳、圆腹，也有四足方形的，用金属或陶土等制成。用于煮或盛放物品，或置于宗庙作铭记功绩的礼器。《玉篇·鼎部》："鼎，器也，所以熟食也。"《礼记·祭统》："夫鼎有铭……铭者，论撰其先祖之有德善、功烈、勋劳、庆赏、声名，列于天下而酌之祭器，自成其名焉，以祀其先祖者也。"

相传夏禹铸有九鼎，从商代到周代，为传国之重器。后以"鼎"指王位或国家政权。《左传·宣公三年》记载有"楚子问鼎"之事：春秋时，楚庄王曾陈兵洛水之边，向周王室展示武力，并向周王特使王孙满打听传国之鼎的大小轻重，透露出窥伺周室王位的意图。后世用"问鼎"指谋取政权。

引申指"显赫""盛大"。左思《吴都赋》："其居则高门鼎贵，魁岸豪杰。"句中"鼎贵"指显赫高贵。

鼎鼎，即"盛大"。"大名鼎鼎"是个成语，又作"鼎鼎大名"，形容声名盛大。《官场现形记》第二十四回："你一到京打听人家，像他这样大名鼎鼎，还怕有不晓得的？"茅盾《子夜》十："这一位就是鼎鼎大名的赵伯韬先生！"

顶，读 dǐng，形声字，从页，丁声。本义指头的最上部，即头顶。《说文·页部》："顶，颠也。"鲁迅《狂人日记》中有这样一句话："想起来，从顶上直冷到脚跟。"句中的"顶上"即头顶上。泛指"物体的最上部"，如"山顶""房顶"等。再引申指"用头支撑""支撑""对面迎着""顶撞""顶替"等。汉语中一般不说"顶顶"，"大名鼎鼎"也不能写作"大名顶顶"。

链接：也谈"钟鸣鼎食"

李国文先生写过一篇《一部了解中国的全新读本——读〈中国通史图说〉》，其中说："有机会到故宫博物院，看看那里的青铜器，便可了解《红楼梦》中曹雪芹形容贾府是'诗书簪缨之族，钟鸣鼎食之家'，这'鼎食'二字，就可估计金陵贾府该是多少人口之家了。大型的鼎，煮进去一头牛，也是富富有余的。"李先生显然误解了"钟鸣鼎食"一语。

钟，乐器；鼎，盛菜肴的三足两耳的金属器皿。钟鸣鼎食，指吃饭的时候敲钟奏乐，把鼎排在一起。此语源出《史记·货殖列传》："郅氏鼎食……马医，浅方，张里击钟。"后用"击钟鼎食"形容富贵之家豪华奢侈的生活。如张衡《西京赋》有："击钟鼎食，连骑相过。"后世多作"钟鸣鼎食"。

《红楼梦》第二回说，贾府"这样钟鸣鼎食之家，翰墨诗书之族，如今的儿孙，竟一代不如一代了"。这是说贾府的儿孙过着金屋绣榻、钟鸣鼎食的贵族生活，并不是说贾府煮饭的器皿很大，可以"煮进去一头牛"！

连篇累渎（牍）

[病例] 西方媒体早已开始渲染所谓的"中国威胁论"，仅美国就出版了多本书，西方报纸的有关专栏，更是连篇累渎地刊载反华文章。

【诊断】

"连篇累渎"应为"连篇累牍"。音同形似致误。

【辨析】

牍，读 dú，形声字，从片，卖声。本义指古时写字的木片，也称木简。《说文·片部》："牍，书版也。"《文选·谢庄〈月赋〉》："抽毫进牍，以命仲宣。"李善注："牍，书版也。"引申指"书信"。陆游《上辛给事书》："邮传之题咏，亲戚之书牍……皆可以洞见其人之心术才能。""书牍"即书信。也指"公文"。《正字通·片部》："牍，官司文案曰牍。"再如《红楼梦》第十七回："如今上了年纪，且案牍劳烦，于这怡情悦性的文章更生疏了。"还指"书籍"。唐刘知几《史通·书事》："具之史牍，夫何足观？""史牍"即史籍。

"连篇累牍"是个成语，典出《隋书·李谔传》："（谔上书曰）寻虚逐微，竞一韵之奇，争一字之巧。连篇累牍，不出月露之形；积案盈箱，唯是风云之状。"后世用"连篇累牍"指叙述一件事情用过多的篇幅，多指文辞冗长、重复。如徐迟《牡丹》："大小报纸都站在他们同业这一边，连篇累牍地报道这场官司。"

渎，读 dú，形声字，从水，卖声。本义指沟渠，又特指城邑中的沟。《说文·水部》："渎，沟也。一曰邑中沟。"朱骏声《说文通训定声》："田间曰沟，邑中曰渎。"可备一说。在古汉语中，"渎"常与其他相关字通用。通"嬻"，义"轻慢、亵渎"。通"黩"，义"贪求"。通"殰"，义"坏、败坏"。现在常用的"渎职"，即不尽职，在执行任务时犯严重的过失。

可见，"连篇累牍"在语义上与"渎"字毫无关联。

链接：说"椟"道"犊"

上文介绍了"牍""渎"二字，由于音同形似，两字常常混淆。除此之外，常与这两字混淆的还有"椟""犊"二字。比如：

1. 看包装漂亮就决定买东西，这不等于是买牍还珠吗？

2. 几年来一直没有提笔，再没有过去那种"初生牛渎不怕虎"的劲头。

前例中的"买牍还珠"显然是"买椟还珠"之误，后例中的"初生牛渎不怕虎"显然应写作"初生牛犊不怕虎"。

椟，读 dú，形声字，从木，卖声。本义是"木匣子"。"买椟还珠"是个成语，典出《韩非子·外储说左上》：有一个楚国人到郑国去卖珍珠，他用一个做工精巧、外表华丽的木盒子包装珍珠。郑国人买了这个漂亮的木匣子，而把珍珠还给了他。后用"买椟还珠"形容舍本逐末、取舍不当，也比喻没有眼光、不识货。如把"椟"误成"牍"，意思就讲不通了。

犊，读 dú，形声字，从牛，卖声。本义指"小牛"。"初生牛犊不怕虎"也是个成语，典出《庄子·知北游》："瞳焉如新生之犊而无求其故。"成玄英疏："瞳焉"指双眼直视的样子，"故"即事。这句话的意思是：因为于事无求，心中坦然，所以如同新生的小牛一样无所畏惧，敢于用两眼直视。大约自明代起，人们用"初生牛犊不怕虎"，比喻年轻人胆大敢为，无所畏惧。

防（妨）碍

[病例] 作为一个学生，一定要遵守课堂纪律，不要在教室里大声说话，这样会防碍同学们学习。

【诊断】

"防碍"应为"妨碍"。音同形似义混致误。

【辨析】

妨，读 fáng，形声字，从女，方声。本义是"损害"。《说文·女部》："妨，害也。"为什么表示"损害"的"妨"以"女"为义符呢？这与我国古代社会中妇女的地位有关。古代是个男尊女卑的社会，女人的地位极其低下，男人处于绝对的支配地位，并对女性抱有严重的偏见，认为女性是"红颜祸水"，甚至把"亡国"的责任也推给女性。明于此，"妨"以"女"为义符就不难理解了。

防，读 fáng，形声字，从阜，方声。本义是"堤坝"。《诗经·陈风·防有鹊巢》："防有鹊巢。"朱熹集传："防，人所以筑以捍水也。"堤坝是防止水泄的，所以"防"引申指"防御""预防""防备""防守"等，如"防爆""防潮""防毒""防盗""防范""冷不防""防不胜防""防患于未然""以防万一""猝不及防"等等。

由于"妨"的本义是"损害"，是对人或物的主动性伤害，所以由"妨"组成的词语，都有"给对方造成伤害"的意思，如"妨害"即给对方造成损害。

由于"防"的本义是"堤坝"，其功能是被动防止遭受洪水的伤害，所以由"防"组成的词语，都有"防止受到伤害"的意思，如"国防"即防止国家受到损害的措施。

总而言之，"妨"是给对方造成损害，"防"是防止受到对方的伤害。

"妨碍"，即让事情不能顺利进行，给某事造成损害。所以这个"妨"是不能写作"防"的。

链接：汉字中的性别歧视

我国古代是个明显的"男尊女卑"社会，在古代的文化意识中，存在有严重的性别歧视。这种意识反映在汉字系统中，就是含贬义的女字偏旁汉字的存在。除了上述的"妨"字之外，这类字还大量存在。试举数例如下：

奸：《说文·女部》："犯淫也。"

娼：《玉篇·女部》："婸（dàng，淫逸）也，淫也。"

奴：《说文·女部》："奴、婢，皆古之罪人也。"

妒：《说文·女部》："妇妒夫也。"

嫉：《广雅·释诂》："恶也。"

嫌：《说文·女部》："不平于心也。"

婪：《说文·女部》："贪也。"

妄：《说文·女部》："乱也。"

嬖：《释名补遗·释亲属》："卑贱婢妾媚以色事人得幸者也。"

媸：《集韵·之部》："侮也。"

言简意骇（赅）

[病例]他说：爱因斯坦曾言简意骇地指出，如果把哲学理解为在最普遍和最广泛的形式下对知识的追求，那么，哲学就可以被认为是全部科学研究之母。

【诊断】

"言简意骇"应为"言简意赅"。音近形似致误。

【辨析】

赅，读 gāi，形声字，从贝，亥声。本义指财物丰赡。《广韵·咍韵》："赅，赡也。"《庄子·齐物论》："赅而存焉。"成玄英疏："赅，备也。"如"赅存"即什么都具有，"赅博"即博通、渊博，"赅备"即齐备、完备，"赅简"即齐备而扼要。

"言简意赅"是个成语，意思是言辞简练而意思完备。此成语或原作"词简意备"，典出宋代张载《张子全书·义理》："己守既定，虽孔孟之言有纷错，也须不思而改之，复锄去其繁，使词简而意备。"又作"言简意足"。明代徐光启《适志斋稿序》："大都言简意足，能以真率少许胜人多多许。"大约清代起，人们始用"言简意赅"。如清华伟生《开国奇冤·被擒》："梦华先生，你看老夫此稿如何？言简意赅，洵不愧为老斫轮手。"

此成语现代使用非常普遍。如朱光潜《艺文杂谈·谈书牍》："魏晋以前，著录的书牍多为吉光片羽，言简意赅而风味隽永。"萧乾《一本褪色的相册》十二："要言简意赅，因而得半文半白。”

骇，读 hài，形声字，从马，亥声。本义是"马受惊"。《一切经音义》卷八十四引《古今正字》："骇，马惊也。"引申指"惊骇""震惊"。《说文·马部》："骇，惊也。"现在人们还经常说的"惊涛骇浪""骇人听闻"等词中的"骇"，即是此义。"言简意赅"写成"言简意骇"，意义就不通顺了。

链接：说"该"

"言简意赅"也曾有人写成"言简意该"。如清代崔述《读书偶识》卷一："夫《论语》所载孔子论诗之言多矣，……莫不言简意该，义深词洁。"为什么"赅"可写成"该"呢？

该，读 gāi，形声字，从言，亥声。本义指"军中戒约"。《说文·言部》："该，军中约也。"也许军中的戒约一般是必须具备且完备的，所以"该"引申指"具备""完备"。《广韵·哈韵》："该，备也。"《管子·小问》："昔者天子中立，地方千里，四言者该焉，何为其寡也？"尹知章注："该，备也。谓四言足以备千里之化，不为少。"再引申指"拥有""承受""命中注定""应当""欠"等等意思。

可见，"该"也有"具备""完备"之义，与"赅"意义相通。这就是"言简意赅"被写成"言简意该"的原因。

必须指出的是，在现代汉语中，"言简意赅"的词形已经固定下来了，再不能写成"言简意该"了。

气慨（概）

[病例] 为了祖国的繁荣昌盛，他们随时听从人民的召唤，有战胜一切困难的英雄气慨。

【诊断】

"气慨"应为"气概"。音近形似致误。

【辨析】

概，读 gài，形声字，从木，既声。本义指"古代量谷物时刮平斗斛的器具"，一般用木头制作。《玉篇·木部》："概，平斗、斛也。"《荀子·宥坐》："至量必平，似正；盈不求概，似度。"杨倞注："概，平斗斛之木也。"

引申指"量""限量"。唐代皇甫湜《题浯溪石》："李杜才海翻，高下非可概。"再引申指"度量"，即能宽容人的限度。《汉书·杨恽传》："漂然皆有节概，知去就之分。"颜师古注："概，度量也。"进一步引申指"节操""操守"。《文选·范晔〈逸民传论〉》："或去危以图其安，或垢俗以动其概。"李善注："概，犹操也。"

气概，是个古今都很常用的双音节词语，本义指"气节"。《魏书·李神传》："李神据危城，当大难，其气概也足称焉。"也指"气魄"。萧三《血青》诗："革命志士气概雄，宁为儿女愁。"还指"气派""声势"。柳青《一九五五年秋天在皇甫村》："好大的气概！这是一九五五年秋天中国的乡村吗？这是我住了三年的皇甫村吗？我的祖国，你不是在前进，而是在飞奔！"在现代汉语中，"气概"也指"在对待重大问题上表现出的态度、举动或气势（专指正直、豪迈的）"。如"英雄气概""气概非凡"等等。

慨，读kǎi，形声字，从心，既声。本义是"因不痛快而感慨、慨叹"。《说文·心部》："慨，慷慨，壮士不得志也。""慨叹""慨叹""感慨"等词，用的就是"慨"的本义。引申指"愤激"，如"愤慨"意思就是"气愤""不平"。

显然"气概"是不能写作"气慨"的。

链接：说"斛"

现在人们一般以重量单位（如公斤）或质量单位（如千克）来计量食物的分量。但古代却不一样，一般以容积单位来计量。斛就是古代计量粮食的容积单位。

斛，读hú，古代的一种量器。《庄子·胠箧》："为之斗斛以量之，则并与斗斛而窃之。"其中的"斗""斛"指的是古代的两种量器。在先秦时代，各诸侯国的量器中基本上都有斛，但各自的容量大小不相同。秦始皇统一六国后，统一度量衡，各种量器单位及容量标准得到统一。秦制规定，1斛等于10斗，1斗等于10升。据今人研究，秦代的1升相当于202毫升，1斛相当于20200毫升。南宋末年，则改以5斗为斛，2斛为1担。

卑恭（躬）屈膝

[病例] 他做出一副卑恭屈膝的样子，又是塞钱又是千恩万谢，其实在心里，他很可能把你当成狗屎一堆。

【诊断】

"卑恭屈膝"应为"卑躬屈膝"。音同义混致误。

【辨析】

躬，读 gōng，古代也写作"躳"，从身，从吕（"吕"的本义是"脊骨"，象形字），或从弓。本义是"身体"。《说文·身部》："躳，身也。从身，从吕。"段玉裁注："从吕者，身以吕为柱也。"为什么这个字又从"弓"写作"躬"呢？朱骏声《说文通训定声》："身曲则吕见，或从弓。"朱骏声的意思是，"弓"表示弯曲，身体弯曲则脊骨显现，所以"躳"或从"弓"。

引申指"亲自"。如 "躬逢"即亲身遇上，"躬行"即亲身实行，"躬亲"即亲自去做，等等。也引申指"弯曲"。《直音篇·身部》："躬，身曲也。"《西游记》第二十九回："（八戒）把腰一躬，就长有八九丈长。"再如"躬身下拜"即弯身下拜。

"卑躬屈膝"，即低下身子弯曲膝盖，形容没有骨气，低声下气地讨好奉承别人。

恭，读 gōng，形声字，从心，共声。本义是"恭敬""肃敬"。《说文·心部》："恭，肃也。"段玉裁注："肃者，持事振敬也。"如"恭候""恭贺""恭请""恭顺""恭维""恭迎"等等，皆是此义。汉语中也有"卑躬"一词，表示谦卑恭顺。但此"卑恭"不能与"屈膝"搭配成"卑恭屈膝"一词。

链接："卑躬屈膝"略说

"卑躬屈膝"原作"屈膝卑拜"，典出《淮南子·氾论训》："夫君臣之接，屈膝卑拜，以相尊礼也。"其中的"屈膝卑拜"，指的是弯曲膝盖，低下身子行礼。后作"卑体屈己"。如张衡《应间》："人生在勤，不索何获？曷若卑体屈己，美言以相克？"其中的"卑体屈己"，指的是降低身份，委屈自己，顺从他人。后世多用"卑躬屈膝"形容以低下的姿态奉承别人，毫无骨气。

"卑躬屈膝"还可作"卑躬屈节""屈身卑节"等。如《文明小史》三十："外官是阔得不耐烦，却没有把镜子照照自己见了上司那种卑躬屈节的样子。"宋代李新《武侯论》："吾屈身卑节，以奉于（曹）操。"还可省作"卑屈"。如宋代马令《南唐书·韩熙载传》："熙载才高气逸，无所卑屈，举朝未尝拜一人。"

悬梁刺骨（股）

[病例] 他终于下定"悬梁刺骨"的决心，准备挑灯夜战数个月，有一种"不考上市重点誓不罢休"的气概。

【诊断】

"悬梁刺骨"应为"悬梁刺股"。音同致误。

【辨析】

"悬梁刺股"也作"头悬梁，锥刺股"，出自我国古代两个刻苦学习的典故。

梁，房梁。"头悬梁"出自《太平御览》卷三六三引《汉书》中的一个故事：汉时，有位名叫孙敬的人，是当世大儒。他年轻时勤奋好学，经常关起门来，不分昼夜地读书。时间久了，有时难免疲倦而打瞌睡。为了不影响自己读书学习，孙敬想出了一个特别的办法。他找来一根绳子，一头绑在房梁上，一头绑在自己的发髻上。当他读书疲劳打盹时，头一低，绳子就会牵扯头发，从而把头皮扯痛，可马上清醒，继续读书学习。

股，大腿。"锥刺股"出自《战国策·齐策一》：战国时期，有一个名叫苏秦的人，是历史上著名的政治家。苏秦早年曾到好多地方求职，但由于学问不够精深，都不受重视。家人也对他很冷淡，甚至瞧不起他。这对苏秦的刺激很大，于是下定决心，发愤再读。他常常读书到深夜，也疲倦打盹，而影响学习。苏秦想出了一个方法，即准备一把锥子，一打瞌睡就用锥子往自己的大腿上刺。猛然间感到的疼痛，会令人立即清醒起来，再坚持苦读。

后世便从孙敬和苏秦的故事中，提炼出"悬梁刺股"或"头悬梁，锥刺股"，比喻发愤读书、刻苦学习的精神。

骨，骨头。苏秦只是用锥子刺自己的大腿（股），而不是刺自己的骨头。大腿肉多，刺一下无妨。如果刺到了骨头，则受伤不浅，如何继续读书？

链接：苦学的典故

我国古代，非常崇尚读书学习，有许多如同"头悬梁，锥刺股"的学习典故。再举几例如下。

凿壁借光。典出《西京杂记》：匡衡小时家境贫寒，但极其好学。夜读无烛，见邻居家有灯光，他就凿穿墙壁，借邻居的灯光来读书。

欧母画荻。典出《宋史·欧阳修传》：欧阳修四岁时就死了父亲，孤儿寡母生活十分困难。他的母亲守节教子，没钱买笔，就用芦苇秆在地上写写画画，教儿子认字。欧阳修也十分刻苦读书。后来中了进士，文章名冠天下。

囊萤映雪。典出南朝宋檀道鸾《续晋阳秋》及《初学记》卷二引《宋齐语》：晋代车胤、孙康家里都很贫穷，没钱买灯油。车胤在夏天用布囊装数十只萤火虫来当灯读书；孙康在冬天雪夜里利用雪映出的光亮看书。后世用"囊萤映雪"比喻家境贫苦，刻苦读书。

一股（鼓）作气

[病例] 我们班要参加全校的拔河比赛，今天班主任来给我们打气，要我们养足精神，争取比赛时一股作气，拿下冠军。

【诊断】

"一股作气"应为"一鼓作气"。音同致误。

【辨析】

鼓，擂战鼓；作，振作；气，勇气。"一鼓作气"是个典故性成语，原指作战时，一擂战鼓，士兵勇气就振作起来。此成语出自《左传·庄公十年》：春秋时，齐国发兵攻打鲁国。当时齐国强大，鲁国弱小，双方实力悬殊。曹刿深通兵法，战前面见鲁庄公，要求允许他一同参战，庄公答应了曹刿的要求。在长勺这个地方，齐、鲁两军相遇。双方已列成阵势，战斗即将开始。齐军大擂战鼓，准备进兵。庄公也准备擂鼓迎击。曹刿阻止道："等一等。"齐军见鲁军没有反应，又擂了一通鼓。这样齐军擂鼓三通，鲁军还是按兵不动。齐军三通战鼓擂罢，曹刿才说："现在可以进兵了！"于是鲁军擂鼓冲杀，士兵直扑敌阵，猛不可当。齐军大败，狼狈而逃。战斗结束后，鲁庄公问曹刿取胜的原因。曹刿说："战，勇气也。一鼓作气，再而衰，三而竭。彼竭我盈，故克之。"意思是：战斗主要是靠勇气。第一次擂鼓时，士兵勇气最足；第二次擂鼓，士兵勇气有些衰落了；到第三次擂鼓，士兵的勇气便全部消失了。我们在敌军勇气消失的时候，才擂鼓攻击，战士勇气振作，斗志昂扬，一举打败了他们。

后世便用"一鼓作气"比喻趁着劲头十足的时候,坚持不懈,一举成事。

股,本义指"大腿"。引申指"绳线等的组成部分",如"两股绳子"。再引申作量词用,如"一股山泉""一股热气""一股劲""一股勇气"等。可能是受"一股勇气"的干扰,有人把"一鼓作气"误作了"一股作气"。

链接:说"鼓"

鼓最早是一种打击乐器。按《礼记·明堂位》的记载,在传说中的"伊耆氏"时代就有鼓了。相传,周代有"八音",鼓是"八音"之首。即便是在现代,鼓还是一件重要的乐器。

由于鼓有良好的共鸣作用,声音激越雄壮,所以被先祖用作军队作战助威之用。相传黄帝在征服蚩尤的战斗中,曾杀"夔"(传说中的神物),以其皮为鼓,声闻五百里。士气大作,终于战败蚩尤。

在远古时代,鼓还被尊奉为"神器",作为祭器用在祭祀中。据《周礼》记载,上古时还设置有"鼓人",专门管理制鼓、击鼓等事。

粗旷（犷）

[病例] 他是我们班唯一一位来自山区的学生，粗旷的性格，给全体同学留下了深刻印象。

【诊断】

"粗旷"应为"粗犷"。音近形似致误。

【辨析】

犷，读 guǎng，形声字，从犬，广声。本义是"如凶得不可靠近的恶犬"。慧琳《一切经音义》卷六十一引《考声》云："犷，如犬恶不可附近也。"引申指"兽类猛而不驯服"。如"犷兽"即凶猛的野兽，"犷恶"即凶猛、凶恶，"犷戾"即凶暴而乖张，"犷狠"即横暴凶狠，"犷暴"即凶暴。进一步引申指"粗野""野蛮"。如"犷语"即粗野的语言，"犷卤"即粗野愚钝，"犷顽"即粗野不驯，"犷悍"即粗野强悍。也指"文学艺术风格的豪放"，如苏曼殊《画跋》："予观西村杰作，有唐人之致。去其纤，有北宋之雄；去其犷，诚为空谷之音也。"

粗犷，是现代汉语中使用频率很高的双音节词语，主要有两个义项。一指"粗鲁""粗野"，如"他这人粗犷无理，不要惹他"。二指"豪放""粗豪"，如"山脊上传来粗犷的山歌，父亲新的一天又开始了"。

旷，读 kuàng，形声字，从日，广声。本义是"太阳的光明"。《说文·日部》："旷，明也。"太阳普照大地，能把光明播撒到大地的每一个角落，故而"旷"可以引申指"辽阔""广大"。《玉篇·日部》："旷，广远也。"再引申指"空而宽阔",如"旷野""地旷人稀"。进一步引申指"耽误""荒废",如"旷课""旷日废时"。还可引申指"心境开阔",如"心旷神怡""旷达"。"旷"不能与"粗"组成"粗旷"一词。

链接：狗的别称

狗是人类最早驯化的家畜之一，是人类最忠实的朋友。在汉语中，狗有许多称呼，试举数例如下。

犬。特大的狗。《礼记·曲礼上》："效犬者左牵之。"孔颖达疏："然通而言之，狗犬通名，若分而言之，则大者为犬 ，小者为狗。"在现代汉语中，"犬"多作书面语用。

尨。多毛的狗。《说文·犬部》："尨，犬之多毛者。"段玉裁《说文解字注》："《释兽》《毛传》皆曰：'尨，狗也。'此浑言之，许（即许慎）就字分别言之也。"

黄耳。据《晋书·陆机传》载，西晋的大文豪陆机，有狗名黄耳，在陆机寓居洛阳时，此犬曾不远万里为陆机传递家书，被陆机视为珍宝。后世便以"黄耳"作为狗的代称。

韩卢。原指战国时韩国的一只善跑的黑狗。《战国策·秦策三》："以秦卒之勇，车骑之多，以当诸侯，譬若驰韩卢而逐蹇兔也。"鲍彪注引《博物志》："韩有黑犬，名卢。"后世以"韩卢"泛指狗。

地羊。古方言异名。李时珍《本草纲目·兽·狗》："犬，齐人名地羊。"

食不裹（果）腹

[病例] 民主改革50年来，当家做主的翻身农奴，过去食不裹腹，现在都过上了家有余粮的新生活。

【诊断】

"食不裹腹"应为"食不果腹"。音同致误。

【辨析】

果，象形字，甲骨文作 ♀ ，本义指"植物所结的果实"。《说文·木部》："果，木实也。象果形在木之上。"引申指事情的结局、结果，与"因"相对。闻一多《什么是儒家》："奴隶社会是历史必须通过的阶段，它本身是社会进步的果，也是促使社会进步的因。"在现代汉语中，此义的"果"出现频率很高，如"前因后果""成果""恶果"等等。也许果实都有饱满圆实的特点，所以又引申指"饱足"。《庄子·逍遥游》："适莽苍者，三餐而反，腹犹果然。""腹犹果然"的意思就是肚子像果实一样圆鼓鼓的，饱得很。后来人们从此提炼出"果腹"一词，指吃饱肚子。

"食不果腹"是个成语，意思是吃不饱饭，形容生活贫困。郭沫若《中国史稿》第三编第三章："西汉初期，到处是一片荒凉残破的景象……人民生活更加贫困，衣不蔽体，食不果腹，连最低的生活条件都得不到。"秦牧《论爱美》："在那样古老的年代，人类的生活是非常艰难困苦的。大伙天天都得和猛兽、蚊虫、疾病、风雨作斗争，经常过着衣不蔽体、食不果腹的生活。"

裹，意思是用纸、布或其他类似的东西缠绕、包扎。"食不裹腹"显然解释不通。

链接："裹"字补说

裹，读 guǒ，形声字，从衣，果声，本义指"缠绕""包扎"。《说文•衣部》："裹，缠也。"段玉裁注："缠者，绕也。"此义古今都很常用。如郭沫若《霁月》："我身上觉着轻寒，你偏那样地云衣重裹。"

引申指"包罗""囊括"。如李劼人《大波》第一部第二章："把站在两旁专看热闹的人都裹去了不少。"再如"胡子逃跑时，裹走了张家村的几个妇女"等。

现代汉语中，由"裹"组成的常用词有"裹脚""裹乱""裹胁""裹挟""裹足不前"等。

震憾（撼）

［病例］地震给我们带来很大的震憾，让我们认识到生命是如此的渺小，亲情是如此的珍贵，名利是如此的卑微。

【诊断】

"震憾"应为"震撼"。音同形似致误。

【辨析】

撼，读 hàn，形声字，从手，感声。本义指用手"摇动"。慧琳《一切经音义》卷七十九注释云："撼，手摇动也。""摇撼""蚍蜉撼大树，可笑不自量"等，其中之"撼"就是此义。也指"动"，《广雅·释诂一》："撼，动也。"

震，本义指"疾雷"。《尔雅·释天》中解释说："疾雷为霆霓。"邢昺疏："疾雷一名霆霓，又名震。"引申指"迅速或剧烈地颤动"，如"震荡""震慑""震天动地""敲山震虎""声震寰宇"等等中的"震"，皆是此义。

震撼，是古今汉语中都很常用的双音节词语，意思即"震动、摇撼"。如"清脆的枪声震撼山野，会场显得更加庄严肃穆""滚滚的雷声震撼大地"等等。也可指"心理受到强烈冲击"。如"祖国美丽的山川让她的灵魂受到强烈的震撼""英雄的事迹深深地震撼了我们"等等。

憾，读 hàn，形声字，从心，感声，本义指"怨恨"。《广雅·释诂一》："憾，恨也。"引申指"失望""不满足"，如"抱憾""缺憾""憾事""遗憾""引以为憾"等等。

显然，"震撼"不能写作"震憾"。

链接："震"与"振"

在汉语中，"震"字常与"振"混淆不清。如"振聋发聩"常被人误作"震聋发聩"，"震耳欲聋"常被人误作"振耳欲聋"。但细辨之，"振"与"震"的区别还是很明显的。

震，上文已述，其本义是指"疾雷"，引申指"剧烈颤动"。雷的威力是巨大的，常常震得地动山摇。所以"震"往往有强调"震"的效果"大""惊人""异常"等意思，比如"震古烁今""震惊""震怒"等等。另外，我们都可能有被雷惊吓的经历，有时还被震得直打哆嗦。所以"震"用在人的身上，往往还带有"惊怕"的意思，如"震慑""震悚"等等。

振，《说文·手部》："振，举救也。从手，辰声。一曰奋也。"可见，"振"主要有两义：一指"举救"（即救灾），一指"奋"（即振奋）。后来"举救"义写作了"赈"。"振"则专门表示"振奋"之义，引申指"摇动""挥动""抖动"等，但这种"动"只是一般意义上的"动"，没有强调效果"大"的意思。如"振荡""振衣""振臂"等。现代物理学中，用"振动"表示物体通过一个中心，不断做往返运动。所以凡是与物理学上"振动"有关的词，都用"振"，如"振幅""共振"等。基于"振"的"振奋"义，有时用"振"有强调"奋起"的意思，如"振作""振兴"等。

震耳欲聋，形容声音很大，耳朵都震聋了。它强调的是"大"的效果，所以用"震"，不能用"振"。

振聋发聩（聩即聋），意思是使耳聋的人能听见声音，比喻用语言使糊涂的人清醒。它有让人"奋起"的意思，所以用"振"，不能用"震"。

浩翰（瀚）

[病例]在一望无际的苍穹与浩翰无垠的大海的空隙间，水手们战胜了孤寂，战胜了困难，战胜了自我，终于到达目的地。

【诊断】

"浩翰"应为"浩瀚"。音同形似致误。

【辨析】

翰，读 hàn，形声字，从羽，倝声。本义是指"赤羽山鸡"，即"锦鸡"，古代又称"天鸡"。《说文·羽部》："翰，天鸡，赤羽。""翰"的形状像鸡，种类较多，通常指红腹赤羽锦鸡，外形跟雉鸡相似，雄的头上有金色的冠毛，颈橙黄色，背暗绿色，杂有紫色，尾巴很长。由于"翰"的尾毛长而硬，所以"翰"又指"长而硬的羽毛"。《六书故·动物三》："羽之强者曰翰。"古人曾用羽毛为笔，所以用"翰"称笔。《文选·潘岳〈秋兴赋〉》："于是染翰操纸，慨然而赋。"李善注："翰，笔毫也。"再引申指"书信""文辞"等，如"书翰""文翰""辞翰""札翰"等等。还引申指"文史方面的才能"。《徐霞客游记·滇游日记四》："今大来虽未发解，而诗翰为滇南一人，真不忝不愧厥祖也。"意思是大来虽然未能在乡试中考第一名，但其诗赋与文史方面的才能是滇南第一，没有愧对其先祖。古有"翰林"一词，指文翰荟萃之所，相当于词坛文苑。唐以后"翰林"指皇帝的文学侍从之官，明清时从进士中选拔。

瀚，读 hàn，形声字，从水，翰声。本义指"广大的样

60

子"。《淮南子·俶真训》："有无者，视之不见其形，听之不闻其声……浩浩瀚瀚，不可隐仪揆度而通光耀者。"高诱注："浩浩瀚瀚，广大貌也。"也指古代北方的"海"，即"瀚海"，指的其实是北方的大湖，或者特指贝加尔湖。后引申指蒙古高原的大沙漠，也泛指我国北方或西北少数民族地区。

浩瀚，是汉语中的常用词语，形容水势盛大。如"浩瀚的大海"。也形容广大、繁多，如"浩瀚的沙漠""典籍浩瀚"等等。"浩瀚"写成"浩翰"，显然讲不通。

链接：翰林院

翰林院，古代的官署名。

唐初置翰林，为内廷供奉之官，本以文学之士充任，以备顾问。其实，医卜方士僧道伎术人等，皆可充任，并非完全是文学之士。唐玄宗开元初，始置翰林院，以张九龄、张说、陆坚等掌表疏批答、文章应和，号称"翰林供奉"。开元二十六年，改"翰林供奉"为"翰林学士"，担当起草诏书等职责。晚唐以后，翰林院演变成专门为天子起草机密文书的重要机构，任职与曾经任职者，称为翰林官，简称翰林。明以后，翰林院负责修书撰史，起草诏书，为皇室成员侍读，担任科举考官等。

在各朝各代，翰林学士始终是社会地位最高的士人群体，集中了当时知识分子中的精英。唐朝的李白、杜甫、张九龄，宋朝的苏轼、欧阳修、王安石、司马光，明代的宋濂、方孝孺，清代的曾国藩、李鸿章，等等，皆是翰林中人。入选翰林院被称为"点翰林"，是非常荣耀的事情。

官运享（亨）通

[病例]这个人虽无大才，但官运享通，竟然在短短的三年时间里连升三级。

【诊断】

"官运享通"应为"官运亨通"。形似致误。

【辨析】

亨，读 hēng，象形字，甲骨文作含，象祖宗庙宇之形。在祖庙里祭祀，有"告诉"祖宗、与祖宗"沟通"以祈福求安的意思，所以"亨"表示"通达"之义。《广雅·释诂一》："亨，通也。"引申指"顺畅"。《易·乾·文言》："亨者，嘉之会也。"孔颖达疏："亨，是通畅万物。"

亨通，是古今汉语都很常用的词语，意思是"通达""顺畅"。例句中的"官运亨通"意思即官运通达、顺利。

享，读 xiǎng，象形字，甲骨文形体同"亨"一样，象祖宗庙宇之形。祖庙祭祀，除了"告诉"祖宗、与祖宗"沟通"之外，也有把祭品"献"给祖宗让祖宗"享用"的意思，所以"享"表示"献"。《说文·亯部》："享，献也。"也表示让鬼神"享用"祭品。《左传·僖公五年》："如是则非德，民不和，神不享矣。""神不享"的意思是"神不享用祭品"。引申指"享受"，如"享用""享有""享誉""享乐""坐享其成""有福同享"等等。

总之，"享"与"通"意义不相干，"享通"不成词。

链接：说"烹"

上文已述，"享"与"亨"在甲骨文中是同一个形体，都象祖庙之形。其实，在甲骨文中，和"亨"同形的还有一个字，这个字就是"烹"。

烹，读 pēng，象形字。古时祭祀祖宗的祭品，常是"熟牲"，即"烹煮"过的，据说有时就在祖庙中"烹煮"祭品。所以，烹也可表示"烹煮"。《集韵·庚韵》："烹，煮也。"唐代王昌龄《留别岑参兄弟》有诗句："何必念钟鼎，所在烹肥牛。""烹肥牛"即烹煮肥牛。

古代有"烹煮活人"的酷刑，此刑即称"烹"。《释名·释丧制》："煮之于镬（huò，古之大锅）曰烹，若烹禽兽之肉也。"《战国策·齐策一》："臣请三言而已矣，益一言，臣请烹。""请烹"即请就烹刑。

可能是"烹刑"很恐怖的缘故吧，"烹"后世又引申指"吓唬"。此义一直到现代还在使用。如老舍《上任》："是这么着，哥们儿，尤老二想烹他们一下。"

我们可以得出这样一个结论："亨""享""烹"在甲骨文中是同一个字，是后世才分化成三个字的。

皇天厚（后）土

[病例] 他们俩垒土为坛，发下重誓："皇天厚土作证，若有半点不忠不义，将天诛地灭！"

【诊断】

"皇天厚土"应为"皇天后土"。音同致误。

【辨析】

现在人们都知道"皇"即皇帝，但这不是它原本的意思。皇，形声字，上面的"白"是义符，下面的"王"是声符。"白"在甲骨文形体中表示"日"上有光芒。所以，"皇"其实是"煌"的本字，本义即"辉煌"。后来引申指"大"。《说文·王部》："皇，大也。"也引申指"美"。《广雅·释诂一》："皇，美也。"古人崇拜"天"，认为"天"是世上最大最美的，所以"皇"又引申指"天"。《风俗通义·皇霸》："皇者，天。"进一步引申指古人心目中的"天神"或"天帝"。《文选·颜延年〈三月三日曲水诗序〉》："皇祇发生之始。"李善注："皇，天神也。""皇"也可与"天"连用组成"皇天"一词，表示对"天"或"天神"的尊崇。

后，会意字，上面部分是"人"字形体的变形，下面部分是"口"，其本义是"君主""帝王"。为什么"人""口"可以"会"出"君主"或"帝王"的意义呢？因为"君王"在古人眼中是发号施令的大人物。顾炎武《日知录》卷二十四："《诗》《书》所云后，皆君也。"古人有"土地"崇拜的信仰，认为大地是万物的主宰，所以尊"大地"为"后"或"后土"。《左传·昭公二十九年》："土正曰后土。"

杜预注："土为群物主故称后也。"在后世，"后土"还可指"土神"或"地神"。《周礼·春官·大祝》："先告后土。"贾公彦疏："后土，土神。"

"皇天后土"犹言"苍天大地"或"天神地祇"，其"后"显然不能写作厚薄的"厚"。

链接："后土"崇拜

我国有"后土崇拜"的信仰。就是在现在的道观中，一般还能见到"后土"神像。"后土"是道教尊神"四御"中的第四位天神，俗称"后土娘娘"。与主持天界的玉皇大帝相呼应，"后土"被尊为主宰大地山川的女性神。

"后土"崇拜源于古代对土地的崇拜。《礼记·郊特牲》说："地载万物，天垂象，取财于地，取法于天，是以尊天而亲地也，故教民美报焉。"人们的生存、生活有赖于大地，所以古人教民"亲于地"，并加以"美报"（即"献祭"）。这样就产生了"后土"崇拜。

在先秦时，"后土"原本是男性。《礼记·祭法》说："共工氏之霸九州也，其子曰后土，能平九州，故祀以为社。"其中把后土称为共工氏之子，"子"指男子。

大约从汉代开始，土祠中的"后土"全变成了女性，并称为"圣母""娘娘"。这又是何故呢？据《文献通考》记载："汉元帝时祭地，以高后配。"高后即汉高祖之妻吕雉。原来汉代以吕后为大地之神，当然是女性了。此后历代，"后土"都成了女性。

悔（诲）人不倦

［病例］柳老师是我大学时的老师，她正是本着悔人不倦的精神，为国家培养出了大批栋梁之材。

【诊断】

"悔人不倦"应为"诲人不倦"。音近形似致误。

【辨析】

诲，读 huì，形声字，从言，每声。本义是指"教导"。《说文·言部》："诲，晓教也。"段玉裁注释："明晓而教之也……晓之以破其晦。"段玉裁的意思是：晓之以理，以破解、点化人们的不明之处（晦，不明），这就是"诲"。后引申指"诱使""劝导"。《史记·五帝本纪》："取地之财而节用之，抚教万民而利诲之。"其中"利诲之"，意思是给万民以利益，劝导他们归于教化。也指"劝谏的话"。《书·说命》："朝夕纳诲，以辅台德。"意思是常纳劝谏之言，以辅我（台，我）的德行。

悔，读 huǐ，形声字，从心，每声。本义是"悔恨""后悔"。《说文·心部》："悔，悔恨也。"段玉裁注释："悔者，自恨也。"人们经常使用的"悔不当初""悔之已晚""悔之不及"等词语中的"悔"即此义。引申指"悔过""改过"。《字汇·心部》："悔，知过改过之心也。""悔过自新"，意思就是悔改过错，重新做人。还可指"反悔"，如"悔棋""悔亲"等。

"诲人不倦"是个成语，意思是教导别人时非常耐心，不知疲倦,不可写成"悔人不倦"。

链接:说"晦"

在汉语中,还有一个"晦"字也常与"悔""诲"混淆不清。请看例句:

1. 创作时,一定要重视读者的接受程度,诲涩、玄虚、诘屈聱牙的文字,总是不值得提倡的。

2. 输了的,自认悔气,赢了的,便趾高气扬,一切都那么自然,这就是小村子的生活法则。

前句中的"诲涩"应作"晦涩",后句的"悔气"也应作"晦气"。

晦,读 huì,形声字,从日,每声。本义是指"农历每月的最后一天",也称"月尽""月终",通常称"晦日"。《说文·日部》:"晦,月尽也。"大家都知道,农历每月的最后一天是看不到月亮的。古代有个传说,说这一天月亮到天庭汇报去了,谁在一月中做过坏事,月亮都会报告天帝。唐代段成式《酉阳杂俎·诺皋记上》:"常以月晦日上天,白人罪状。"

晦日的夜空一片漆黑,所以"晦"引申指"昏暗"。如"风雨晦冥"中的"晦冥",即"昏暗"之义。再引申指"不明显""模糊",如"隐晦"即指诗文等的意思模糊、让人看不懂。

"晦涩"是个形容词,形容诗文、乐曲等的含义隐晦、不容易明白。

大约倒霉、不走运的时候,人的脸上总是看不见亮光、阴阴沉沉的,所以"晦"还可引申指"倒霉""不走运"。如"晦气"即不吉利、倒霉,也指人倒霉或生病时难看的脸色或气色。

通辑（缉）

[病例]近日，公安部发出Ａ级通辑令，捉拿在逃的打砸抢烧犯罪嫌疑人。

【诊断】

"通辑"应为"通缉"。形似音近致误。

【辨析】

缉，读 jī，形声字，从糸（mì，细丝），咠声。本义是"把麻搓成线"，即"缉麻"。《说文·糸部》："缉，绩也。"引申指"缝补"。段玉裁注："引申之，用缕以缝衣亦为缉。"也引申指"绳子"。《方言》卷九："所以县（同"悬"）棹谓之缉。"郭璞注："缉，所以系棹头索也。"也许因为古代拿住犯人后常用绳索捆绑，所以"缉"后来又引申指"搜捕""捉拿"。现在还常用的"缉捕""缉查""缉毒""缉获""缉凶""缉私"等词中的"缉"就是此义。

通缉，指司法机关通令有关地区协助缉拿在逃的犯罪嫌疑人或在押犯人。

辑，读 jí，形声字，从车，咠声。本义是指"车舆"。段玉裁《说文解字注》："辑，车舆也。"在古汉语中，"辑"常与"集"通假，特指收集资料或现成作品将其整理、加工成文章或书籍。《汉书·艺文志》："门人相与辑而论纂，故谓之《论语》。"颜师古注："辑，与集同。"现代汉语中，"辑"主要表示此义，如"编辑""辑录"等。"辑"也指"整套书籍、资料的一部分"，如"这套丛书共五辑，这是第一辑""简报的第一辑我刚看到"等等。

链接："辑"字补说

　　上文已述，辑是个形声字，从车，咠声。本义是"车舆"，后与"集"通假，表示"编纂""辑录"等。这就是"编辑"所以用"辑"的原因。但这不是"辑"的全部义项，除此以外，"辑"还有另外一些义项也很常用，也是应该了解的。

　　辑虽然指车，但不是一般的车。《六书故·工事三》说："合材为车，咸相得谓之辑。"什么意思呢？车由各种部件集合而成，各部件都要制作得很精准，车辆运行时各部件才能协调一致，达到这种标准的车才称"辑"。《说文·车部》："车和，辑也。"其中的"和"即"和谐""协调"。《说文》的意思与《六书故》如出一辙。

　　基于"辑"的上述意思，"辑"后来引申指"和谐"。《尔雅·释诂上》："辑，和也。"《国语·鲁语上》："契为司徒而民辑。"韦昭注："辑，和也。"这句话的意思是，商的始祖契担任司徒的时候百姓和谐相处。还可进一步引申指"和睦""安定"。《正字通·车部》："辑，睦也。"

　　知道了"辑"的这些意思，相信今后阅读古文有关内容的时候，障碍要少许多。

人才挤挤（济济）

[病例]上海科研机构、高等院校众多，人才挤挤，涌现出一大批思想活跃、勇于创新的中青年专家和学者。

【诊断】

"人才挤挤"应为"人才济济"。音同形似致误。

【辨析】

济，读 jǐ，从水，齐声。本是古代一条河流的名称，即"济水"，发源于今河南，流经山东入渤海。今河南的"济源"，山东的"济南""济宁""济阳"即得名于济水。也许因为古代济水的水量很大很多，所以汉语中用"济济"形容众多的样子。《诗经·大雅·旱麓》："瞻彼旱麓，榛楛济济。"毛传："济济，众多貌。"后世此义一直沿用。李劼人《大波》第三部第九章："偌大的广场，已是人众济济。"成语有"济济一堂"，即形容许多人聚集在一起。端木蕻良《三月夜曲》中就有这样一句话："在路上我看见方才济济一堂的将军夫人了。"现在这个成语多形容许多有才能的人才聚集在一起。"人才济济"也是一个成语，常用来形容人才众多。

挤，读 jǐ，从手，齐声。本义是"推（使坠）""排斥（使出）"。《说文·手部》："挤，排也。"《广雅·释诂三》："挤，推也。"引申指"紧紧靠在一起"，如"教室里挤满了人""所有的人都挤在一个狭小的空间"等等。还可指"拥挤"，如"房间里太挤了""车厢里挤得人人冒出了臭汗"等等。也可指"用力使从缝隙中出来",如"挤牛奶""挤时间"等等。汉语中没有"人才挤挤"一词,也讲不通。

链接:"济"字补说

在汉语中,"济"除了读 jǐ 外,还可读 jì,本义是"渡过"。《广韵·霁韵》:"济,渡也。"成语中有"同舟共济",即同乘一条船过河,比喻众人齐心协力共渡难关。巴金《海上杂记》:"大家都是出门人,应该同舟共济,所以我们都是自己人。"

"济"后来引申指"救济""救助",如"济贫""接济""缓不济急"等等。还可指"补益""有用""成"等,如王统照《醉后》:"他明明听见弦中的歌声,知道祈祷是无济的,求缥缈之神人去掉他的罪恶,是不可能的。"在现代汉语中,使用频率很高的"无济于事""假公济私"等词中的"济",皆是此义。

草菅（菅）人命

[病例]他说："什么恃强凌弱、官官相护、假公济私、草菅人命，什么难听的话都有。"

【诊断】

"草管人命"应作"草菅人命"。形似致误。

【辨析】

菅，读 jiān，形声字，从草，官声。本义指一种野草，即"菅茅"。《说文·艸部》："菅，茅也。"禾本科，多年生草本植物。茎长二三尺，叶多毛，细长而尖，秋天开青白色花，果实上有长芒，粘人衣服。古代用来编盖屋顶。根坚韧，可作刷帚，也可入药。《本草纲目·草部·白茅》："茅有白茅、菅茅、黄茅、香茅、芭茅数种……菅茅只生山上，似白茅而长。"

"草菅人命"是个成语，意思是把人命看得如同菅茅一样，指轻视生命，任意残杀。此成语或许语出《大戴礼记·保傅》："其视杀人若艾（shān，割）菅然，岂胡亥之性恶哉？"《汉书·贾谊传》："其视杀人，若艾（割草）草菅然。"也有人认为这是此成语的出处。大约明代起，逐渐定格为四字成语"草菅人命"。明代凌濛初《拍案惊奇》卷十一："所以说为官做吏的人，千万不要草菅人命，视同儿戏。"清代李伯元《官场现形记》第四十七回："像某人这样的官，真正是草菅人命了。"

也有人写作"草菅性命"。如明代袁宏道《锦帆集·与朱司理书》："拼一黜废，何求不得？而奈何草菅性命，必欲羁之绁之，走岂无胫者哉？"

链接：说"管"

管，形声字，从竹，官声。古代一种乐器，今已失传。传说此乐器似笛而小，长一尺，六孔，两管并而吹奏。《周礼·春官·小师》："掌教鼓……箫、管、弦、歌。"郑玄注："玄谓管如篪（笛）而小，并两而吹之。"

引申作"管乐器"的通称，如黑管、双簧管等。再引申作管状物的通称，如钢管、输油管、气管、水管等等。毛笔一般用竹管作笔杆，所以古代也以"管"指称毛笔。《诗经·邶风·静女》："静女其娈，贻我彤管。"其中的"管"即毛笔。如从管中窥物，所视必小，所以"管"又指见识浅短。

古代"管"通"輨"。輨是车子的一个部件，即包裹在车毂上的金属套，施于毂端。《吴子·论将》："车坚管辖，舟利橹楫。"其中的"管"即"輨"，与"辖"同为车上控制车毂的部件。"管"由此引申出"统辖""主管""管理""管制"等等意思。

可见，"管"不是茅草，"草管人命"无论如何都讲不通。

箭（剑）拔弩张

[病例] 双方箭拔弩张，恶斗一触即发，民警及时赶到，终于制止住一场暴力事件的发生。

【诊断】

"箭拔弩张"应为"剑拔弩张"。音同义混致误。

【辨析】

剑，古代兵器之一，长条形，一端尖，一端有短把，两边有刃，素有"百兵之君"的美称。春秋战国时期，剑是步兵作战的主要兵器。但到东汉时期，逐渐退出了战争舞台，只作为强身自卫之用。隋代时，社会上形成了佩剑之风。唐代佩剑甚至被文人墨客视为表现凌云壮志或尚武英姿的饰物。宋至清代，佩剑之风一直盛行不衰。正因为古人有"佩剑"之风，所以在危急或愤怒的时候，常常"拔剑"自卫或表示不满。

弩，也称作"十字弓"，是古代用来射箭的一种机械装置。由弩臂、弩弓、弓弦和弩机等部分组成。由于用的是机械力量，弩的射程比弓远，杀伤力、命中率也比弓高，它是古代一种大威力的远距离杀伤武器。强弩的射程可达 600 米，特大型的可达千米。按张弦的方法不同，弩可分为臂张弩、踏张弩和腰张弩等。

"剑拔弩张"，即剑已从鞘中拔出，弩已张开，比喻形势紧张，一触即发。

箭，也称矢或簇，也是古代的一种兵器。在约二三尺长的细杆头上，装上锋利的金属箭头，末梢常附有羽毛，搭在弓或弩上发射。箭虽然也可从箭袋中拔出，但古人只在打仗时才带弓箭，平时一般不把这玩意儿带在身上，所以一般也不会"拔箭"自卫，更不会以此表示不满。汉语中没有"箭拔弩张"一说。

链接：古代的名剑

我国古代有"好剑"的传统，剑常常被古人视为珍宝。有许多千古"名剑"，在古籍记载中闪闪发光，一直被后世津津乐道。现举数"剑"如下，与"好剑之徒"共赏。

禹剑： 夏禹所铸。

启剑： 夏王启铸。

昆吾剑：周穆王时西戎献，其利切玉如泥。

干将、莫邪：吴人干将、莫邪夫妇所造，雄号"干将"，雌号"莫邪"。

龙渊：欧冶子、干将所造，《越绝书·外传记宝剑》："（楚王）乃令风胡子之吴，见欧冶子、干将，使人作铁剑。欧冶子、干将……作为铁剑三枚：一曰龙渊，二曰泰阿，三曰工布。"

倚天：曹操自佩，其利断铁如泥。

签（鉴）赏

[病例]他既关注木雕的使用价值，又重视它的
签赏价值，还特别享受购买时的精神满足。

【诊断】

"签赏"应为"鉴赏"。形似致误。

【辨析】

鉴，读 jiàn，繁体字作"鑑"（或"鑒"），从金，监（監）
声。本是古代一种盛水的大盆，金属制作。《说文·金部》：
"鉴，大盆也。"段玉裁注："字从金，必以金为之也。"
在镜子发明前，古人常用大盆盛水"照镜子"，所以"鉴"
也可作梳妆打扮之用。后来铜镜发明后，也称"鉴"。《广雅·
释器》："鉴，谓之镜也。"唐太宗李世民有句名言："以
铜为鉴，可正衣冠；以史为鉴，可知兴替；以人为鉴，可明
得失。"其中的"鉴"即镜子。再引申指"照"，如"水清
可鉴""光可鉴人"等。进一步引申指"审察""仔细看"，
如"鉴定""鉴别"等。还可指使人警戒或引以为教训的事，
如"前车之鉴""引以为鉴"等。

鉴赏，即仔细审视或判断（真伪、优缺点等）及欣赏，
如"鉴赏字画""鉴赏古诗词"等。

签，读 qiān，形声字，从竹，佥（qiān）声。本义是指"书
签"，即悬挂于卷轴一端署有书名的竹木小片，也指贴于封
面的纸或绢条。夹在书里作为标记阅读进度之用的小薄片，
称"书签"。后来，在文件或单据上署名或题写文字以为标
记，称"签"。《篇海类篇·花木类·竹部》："签，签书

文字也。"现在人们经常说的"签发""签押""签字"等,用的就是此义。用简单的文字提出要点或意见,也称"签",如"签呈""签注""在报告上签意见"等等。

链接:"镜子"的传说

相传嫫母是上古时代一位非常丑的女子,但她贤德、聪明,被黄帝娶为妻子。传说黄帝战炎帝、杀蚩尤,皆因嫫母内助有功。

上古时代,人们以水为镜,常到河边或用大盆盛水梳妆打扮。嫫母由于长得丑,不愿在人多的河边"照镜子"。但爱美之心人皆有之,嫫母想"照镜子"的意愿还是非常强烈的。有一次,嫫母在地里发现一块非常光滑的石片,亮闪闪的。她拿来一看,石片上有模糊的影子。她细心地打磨,影子越来越清晰,最后显示出一个人影来。她拿着石片到水边比对,发现石片上的丑女人竟是自己。嫫母于是用这块石片作镜子,可以在私密的地方梳妆打扮了。镜子也就这样发明了。

随着金属冶炼技术的提高,后来出现了铜镜。现在一般用玻璃镀银或镀铝制作镜子。

娇（矫）揉造作

[病例]她有惊人的洞察力，善于捕捉生活细节，并把它们精心地编织起来，却没有丝毫的娇揉造作之感。

【诊断】

"娇揉造作"应为"矫揉造作"。音近形似致误。

【辨析】

矫，读 jiǎo，形声字，从矢，乔声。弓箭是古代的一种重要兵器，箭杆一般是用木头或竹杆制作而成，很容易弯曲变形，而影响射程及杀伤力。古人因此发明了一种使弯曲的箭杆变直的用具，这种用具就是"矫"。《说文·矢部》："矫，揉箭钳也。"

引申指"使弯曲的物体变直"。《汉书·严安传》："今天下锻甲摩剑，矫箭控弦。"颜师古注："矫，正曲使直也。"再引申指"纠正""匡正"，如"矫正"即改正、纠正，"矫枉过正"即纠正偏差过了头。

要把弯曲的箭杆"矫"直，是要具备一点力量的，故而"矫"又引申指"强"。《玉篇·矢部》："矫，强也。"再引申指"强壮""勇武"，如"矫健"形容强健有力，"矫若游龙"形容书法笔力或舞姿刚健有力、婀娜多姿。

揉，本是"煣"的假借字。《集韵·有韵》："煣，……或作揉。"煣，《说文·火部》："煣，屈申木也。""揉"原本的意思是用火"使木条弯曲或者伸直"。后引申指来回地搓或擦，如"揉眼睛""把纸揉碎了"等。还专指"使东西弯曲"，意思刚好与"矫"相反。

"矫揉造作"是个成语，其中的"矫"即把弯的弄直，"揉"即把直的弄弯，此成语形容故意做作，极其不自然。

娇，读 jiāo，形声字，从女，乔声。本义是指女子"姿态妩媚可爱"。《玉篇·女部》："娇，娇姿也。"引申指"美丽可爱""柔嫩"，如"娇娆""娇媚""嫩红娇绿""娇艳""娇妻"等等。再引申指"娇气"，如"刚走几步她就喊累，真是太娇了"。还可引申指"过分爱护"，如"娇生惯养""娇宠"等等。

"娇"和"揉"搭配不成词，"娇揉造作"也讲不通。

链接："骄"字浅释

上文介绍了"矫"与"娇"的含义，其实，汉语中还有一个字也很容易与这两个字混淆起来，这个字就是"骄"。请看例句：

1．经过几十年的努力，他最终取得了娇人的成绩。

2．要取得好成绩，也需要一副骄健的体魄。

例1中的"娇人"应为"骄人"，例2中的"骄健"应为"矫健"。

在此，我想再说说"骄"字。

骄，读 jiāo，从马，乔声。本义指"六尺高的马"。《说文·马部》："骄，马高六尺为骄。"六尺高的马无疑是壮马，所以"骄"引申指"马匹雄壮"。《类篇·马部》："骄，马壮貌。"壮马一般都有刚烈之性，所以"骄"又引申指"猛烈"。如"骄阳"即强烈的阳光。雄壮的烈马一般都性情刚烈、难以驯服，甚至不把人放在眼里，所以"骄"又引申指"傲慢""自高自大"。《论语·学而》："富而无骄。"刘宝楠正义："人自高大，故也称骄。"现代汉语中还经常使用的"骄傲""骄横""骄纵"等词中的"骄"，就是"骄傲"之义。

告戒（诚）

[病例]教授亲切的关怀和谆谆告戒，使学生们深受感动，大家暗暗下定决心，一定把教授开创的事业，发扬光大。

【诊断】

"告戒"应为"告诫"。音同义混致误。

【辨析】

戒，读 jiè，会意字，从戈，从廾。廾，读 gǒng，象双手捧物之形。戈，古代的一种兵器。"戒"字的构字意图是双手拿着戈，所以其本义表示"防备""警惕"。《说文·廾部》："戒，警也。"现在常用的"戒备""戒忌""戒惧""戒心""警戒"等词语中的"戒"，用的就是此义。引申指"戒除""改去（不良习惯等）"，如"戒烟""戒酒""戒毒"等。佛教传入中国后，用"戒"指教中有条文规定的必须遵守的生活准则。如"戒规""戒条""犯戒""开戒""破戒"等等。

诫，读 jiè，形声字，从言，戒声。本义是指用言语"规劝"。《说文·言部》："诫，敕也。"如现代汉语中有"诫勉"一词，指的是对思想、工作、作风等方面存在问题的干部进行教育的一种形式，这种教育形式，由组织部门和纪律监察部门对干部谈话规劝，故名"诫勉"。

"告诫"是汉语中的一个常用词语，意思即"警告劝诫"，多用于上级对下级或长辈对晚辈。如"父亲的再三告诫，使他终于明白了，努力学习才是唯一的出路"。

还必须指出的是，过去有人把"告诫"写作"告戒"，但这是不规范的，不应该提倡。《现代汉语规范词典》明确指出：不要写作"告戒"。

链接：猪八戒的"八戒"

佛中有"八戒"，即不杀生、不偷盗、不淫欲、不妄语、不饮酒、不眠坐高广华丽之床座、不装饰打扮及观听歌舞、不食非时食（正午过后不食）。猪八戒的"八戒"却不是这八戒。

《西游记》十九回中有这样一段话：

悟能道："师父，我受了菩萨戒行，断了五荤三厌，在我丈人家持斋把素，更不曾动荤。今日见了师父，我开了斋罢。"三藏道："不可！不可！你既是不吃五荤三厌，我再与你起个别名，唤为八戒。"那呆子欢欢喜喜道："谨遵师命。"

可见猪八戒的"八戒"指的是戒除"五荤三厌"。"五荤三厌"是宗教信徒不准食用的五种东西。五荤，即五辛，指五种辛味蔬菜，包括大蒜、小蒜、兴渠（即阿魏，味臭，可杀虫消毒）、慈葱、茖葱为五荤。道教把雁、狗、乌龟作为不能吃的三种动物，认为"雁有夫妇之伦，狗有护主之谊，乌龟有君臣忠敬之心，故不忍食"。"厌"是不忍心食之的意思。"五荤三厌"是佛道二教的混合物。大家都知道，猪悟能虽称"八戒"，但他始终"戒"得不彻底，也"戒"得不情愿。

慰籍（藉）

[病例] 日前，江涛又回到久违的校园，全校师生真诚的关爱，使他受伤的心灵得到慰籍。

【诊断】

"慰籍"应为"慰藉"。音近形似致误。

【辨析】

藉，读 jiè，形声字，从草，耤声。祭祀是古代"国之大事"，"藉"本是古代祭祀时陈列祭品的草垫子。《说文·艸部》："藉，祭藉也。"《易·大过》曰："藉用白茅，无咎。"郑玄注："此所以承祭，既祭，盖束而去之。"引申指"以物衬垫"，还引申指"坐卧在某物上"，再引申指"帮助""有助于"，进一步引申指"抚慰""安慰"。

"慰藉"是由两个同义语素组成的双音节合成词，意思即"抚慰""安慰"。如王统照《沉船》："现在无论谁，只有直接的苦恼，更没有慰藉苦恼的有趣味的东西了。"

籍，读 jí，形声字，从竹，耤声。在纸张发明之前，古代是用竹木简书写的，所以从"竹"的"籍"，本义指的是"簿册"，特指关于贡赋、人事及户口的档案。《释名·释书契》："籍者，籍也，所以籍疏人名户口也。"引申指"书籍"，如"古籍""典籍"等。还引申指"登记"，如"籍没"即登记并没收。还引申指"代表个人对国家、组织的隶属关系"，如"国籍""党籍""学籍"等。还可引申指"籍贯"，即"祖居或个人出生的地方"，也就是祖先或个人最初的户籍所在地。

　　"慰"和"籍"不能组成复合词,"慰藉"不能写作"慰籍"。

链接："藉"的另一个读音

　　上文已述,藉的本义是指"古代祭祀时陈列祭品的草垫子",后引申指"以物衬垫""坐卧在某物上""帮助""有助于""抚慰""安慰"等等意思,在这些情况下,"藉"都读 jiè。这是"藉"字字义引申发展的一条线索。

　　不过,必须说明的是,在古汉语中,"藉"读 jiè 时,可表示凭借、利用、假托等义。简化字颁布实施后,"藉"表示这些义项时简化为"借"。此后,只能写作"凭借",不能写作"凭藉",只能写作"借此",不能写作"藉此"了。

　　"藉"字还有另一条字义引申发展的线索,为了突出"藉"在这两条字义引申发展线索上的字义区别,"藉"在表示后一条线索上引申出的各个义项时,都读 jí,而不读 jiè。兹介绍如下。

　　"藉"的本义是指"古代祭祀时陈列祭品的草垫子"。这种草垫子是垫在祭品的下面的,"藉"由此引申出"践踏""凌辱"义。祭祀是把陈放在"藉"上的祭品敬献给神灵或故去的先人享用的,所以"藉"又可表示"进献""贡献"。古代祭祀是一个盛大的活动,参与祭祀的人也往往不少,所以"藉"又引申指"盛大""多"。"藉"在表示这些意义时,都读 jí。

　　也许正是因为"藉"可以读 jí,与"籍"的读音相同,才导致有人把"慰藉"误成"慰籍"。

一诺千斤（金）

[病例]他郑重地告诫人们，对孩子、朋友、长辈等，都要一诺千斤，没有特殊情况，一定要履行诺言。

【诊断】

"千斤"应为"千金"。音同致误。

【辨析】

金，即黄金。也作金属总称。古代又指钱财、货币。《战国策·秦策一》："以季子之位尊而多金。"其中的"多金"即指拥有许多钱财。

"千金"可极言钱财很多。吕不韦是战国时期的大商人，往来各地，买贱卖贵，积聚了巨额财富，《史记》称"家累千金"。据载，吕不韦曾"招致天下游士"，有食客三千人。使其门客编成《吕氏春秋》，共二十万言。书成之后，放在咸阳城门，宣称"有能增损一字者予千金"。这个故事并不陌生，大家一般都知道。又引申指"富贵"。《韩非子·难四》："千金之家，其子不仁，人之急利甚也。"还引申指"贵重"。元代郝经《老马》诗："垂头自惜千金骨，伏枥仍存万里心。"

"一诺千金"是个成语，形容说话算数，信用极高。此成语典出《史记·季布栾布列传》："得黄金百，不如得季布一诺。"大约自宋代始，逐渐形成四字格成语"一诺千金"。宋代贺铸《六州歌头》："少年侠气，交结五都雄。肝胆洞，毛发耸，立谈中，死生同，一诺千金斤重。"在长

84

期的使用中，还有人把这个成语省作"一诺""金诺"。如金代元好问《答晁公宪世契二首》之二："一诺知君重山岳，车行五日是并门。"又如《聊斋志异·阿宝》："小生不忘金诺也。"

链接：形形色色的"千金"

"千金"使用非常广泛，在汉语中，有许许多多由"千金"构成的固定结构。试举数例如下。

千金一刻：形容时间宝贵。

千金一瓠：比喻物虽轻贱，关键时刻得其所有，却十分珍贵。

千金一掷：形容特别豪奢。

千金之家：指富贵之家。

千金市骨：花费千金买千里马的骨头，比喻招揽人才的迫切心情。

千金一字：形容文字价值很高。

千金敝帚：比喻人们各以其所有为珍贵。

千金买笑：花费千金，买得一笑，谓不惜代价，博取美人欢心。

千金之裘，非一狐之腋：价值千金的皮衣，绝非一只狐狸的腋下之皮所能做成，比喻积小才能成大，集合大家的力量才能做成事情。

千金用兵，百金求间：极言用兵时离间对方的重要性。

千金子：指富贵人家的子弟。

千金躯：极言身体之宝贵。

千金裘：珍贵的大衣。

千金意：珍贵的情意。

竞竞（兢兢）业业

[病例] 他们抱着高度负责的精神，竞竞业业地办教育，为国家做出了巨大贡献。

【诊断】

"竞竞业业"应为"兢兢业业"。音近形似致误。

【辨析】

兢，读 jīng，金文作𦥑，象两人头上顶着物品，这当然要小心谨慎。所以本义为"危惧""小心谨慎"。《玉篇·兄部》："兢，兢兢，戒慎也。"

"兢兢业业"是个成语，出自《诗经·大雅·云汉》："旱既大甚，则不可推。兢兢业业，如霆如雷。"毛传："兢兢，恐也；业业，危也。"兢兢业业，形容危惧的样子。后来多形容小心谨慎，丝毫不敢懈怠。孙犁《白洋淀纪事·石猴》："工作组刚从土地会议上下来，人们都是兢兢业业，只怕犯错误。"

竞，读 jìng，繁体字作"競"，甲骨文作𦥑，象两人竞技之形。其本义为"角逐""比赛"。《说文·誩部》："競，逐也。"现在常用的"竞赛""竞技""竞走""竞争""竞买""竞岗""竞猜""竞答""竞标"等等词语中的"竞"，即此义。引申指"强劲"。《尔雅·释言》："竞，强也。"成语中有"南风不竞"，"南风"指南方的音乐，"不竞"即不强劲、柔和，意思是南方的音乐比较柔和，没有力量，后用来比喻参与竞争的一方力量不强，处于不利地位。

"竞"的繁体字"競"，与"兢"非常相似，这也许就是"兢兢"被误为"竞竞"的原因。

链接："业业"补说

上文提到"兢兢业业"一词中的"业业",意思是"危也"。你知道"业业"为什么可以释作"危"吗?

业,本是指"古代乐器架子横木上的大板",刻如锯齿状,用以悬挂钟、鼓、磬等。后来也指"书册上的夹板"。引申指"学习的内容或过程",如"学业""毕业"等。再引申指"基业""家业""职业""立业"等等意思。

还可通"陧"。陧,读 niè,《说文·阜部》:"陧,危也。"朱骏声《说文通训定声》:"业,假借为陧。"《诗·商颂·长发》:"昔在中叶,有震且业。"毛传:"业,危也。"

现在你知道"兢兢业业"一词中"业业"为什么是"危"了吧。

以敬（儆）效尤

[病例]教育局严厉处罚了卷入此事件中的教师，目的很明确，就是以敬效尤，防止此类事件的再次发生，给广大教师敲一记警钟。

【诊断】

"以敬效尤"应为"以儆效尤"。音近形似致误。

【辨析】

儆，读 jǐng，形声字，从人，敬声。本义是"警戒""戒备"。《说文·人部》："儆，戒也。"《左传·成公十六年》："退，舍于夫渠，不儆，郑人覆之。"这句话说的是，宋国军队退驻在夫渠这个地方，不戒备，被郑国军队打败了。句中的"不儆"即不戒备。再如"儆守""儆备""儆息"等词中的"儆"，就是"戒备"之义。引申指"警报""紧急情况"。《水浒全传》第一百〇一回："迩来边庭多儆，国祚少宁。""边庭多儆"即边疆（边庭）有很多紧急情况。还引申指"警告""使戒惧"。《淮南子·天文训》："儆百官，诛不法。""儆百官"即警戒百官。再如"杀鸡儆猴"即用杀鸡来警告猴子，比喻用惩罚一个人的办法来警告别的人。"杀一儆百"即处死一个人以警戒许多人。

尤，过失；效，效仿。效尤，效仿做坏事。"以儆效尤"是个成语，意思是用处理一个坏人或一件坏事的办法，以警告效仿做坏事的人。如清代李绿园《歧路灯》第九十三回："况这些枪手们，即令果是科目中人，也成了斯文的蟊贼，自宜按律究办，以儆效尤。"鲁迅《准风月谈·文床秋梦》引林丁给《涛声》编者的信："我以为各人均应先打屁股百下，以儆效尤，余事可一概不提。"

敬，读 jìng，会意字，从苟，从攵（攴）。本义是"恭敬""严肃"。《说文·苟部》："敬，肃也。"《广韵·映韵》："敬，恭也。"此义现在还常用，如"敬请指教""敬谢不敏"等等。此字为什么以"苟""攵"会意呢？郭沫若《两周金文辞大系图录考释》中说"苟"亦作"芍"，"芍"即"狗"。攴，读 pū，短棍。在棍子的敲打与狗的看护下，当然只能"恭敬""严肃"了。

引申指"尊敬""尊重"，如"敬重""敬爱""致敬""敬慕"等等。再引申指"以礼物表示敬意或谢意"，如"喜敬""贺敬""奠敬"等等。还引申指"有礼貌地献上"，如"敬酒""敬烟""敬茶"等等。

敬，没有"警告""警戒"的意思，所以"以儆效尤"不能写成"以敬效尤"。

辨析：说"尤"

上文说，"尤"的意思是"过失"。此字何以有此义？现略作介绍。

尤，读 yóu，甲骨文作 ，即又（手），一表示手上长了个疣子。"尤"即"肬"，现在写作"疣"，一种由病毒感染引起的皮肤病，俗称"肉瘤"。朱芳圃《殷周文字释丛》："盖尤为初文，从又、一。又，手也；一，指赘肬（疣）。"

手上长肉瘤，显然是一种非正常的现象，所以"尤"引申指"特异的"。《说文·乙部》："尤，异也。"进一步引申指"罪过""过失"。《玉篇·乙部》："尤，过也。"不管是手上长了肉瘤还是有过失，产生怨恨之意是可以理解的，所以"尤"还引申指"怨恨""责怪"，如"怨天尤人"即埋怨上天、怪罪别人。

不径（胫）而走

[病例] 陈绰家耕牛被偷的事情，在小葛沟村不径而走，村民张明生知道后，高兴得手舞足蹈。

【诊断】

"不径而走"应为"不胫而走"。音同义混致误。

【辨析】

胫，读 jìng，繁体字作"脛"，形声字，从月（肉），巠声。它的本义是指"从膝盖到脚跟的部分"，就是通常所说的"小腿"。段玉裁《说文解字注》："膝下踝上曰胫。"也指"小腿骨"，即"膝下踝上正面突出的骨头"。《玉篇·肉部》："胫，腓肠（通常所说的"腿肚子"）前骨也。"

走，快跑；不胫，没有小腿。"不胫而走"是个成语，意思是没有腿却跑得很快，比喻消息等迅速流传开来。如清代赵翼《瓯北诗话·白香山诗》："文人学士既叹为不可及，妇人女子亦喜闻而乐诵之，是以不胫而走，传遍天下。"

径，读 jìng，繁体字作"徑"，形声字，从彳，巠声。它的本义是"小路"。《玉篇·彳部》："径，小路也。"现在人们常说的"小径""曲径"等，用的均是本义。引申指"直径"，如"半径""口径"等。还可作副词，表示直接向某处前进，或直接做某事，如"径飞上海""径向上级报告"等。"不径而走"也许可以勉强理解成"没有道路却能跑得很快"，但这显然在逻辑上欠通顺，也完全背离了原成语的意思。

链接："不胫而走"的出处

"不胫而走"原来可能作"无足而至"。出自《韩诗外传》卷六："夫珠出于江海，玉出于昆山，无足而至者，犹主君之好也；士有足而不至者，盖主君无好士之意耳。"后作"无胫而至"。汉代孔融《论盛孝章书》："惟公匡复汉室，宗社将绝，又能正之。正之之术，实须得贤。珠玉无胫而自至者，以人好之也。况贤者之有足乎！"

后世又用"无胫而走"，比喻事物不待推行，就迅速地传播、流行开来。如唐代白居易《元公墓志铭》："每一章一句出，无胫而走，疾于珠玉。"也作"不胫而驰"。如明代胡应麟《少室山房笔丛》二："间以余力游刃，发之乎诗若文，又以纸贵乎通邑大都，不胫而驰乎四裔之内。"

杜娟（鹃）花

［病例］长桌上摆着盛开的杜娟花，我们分坐两边，听主人致欢迎辞："为了欢迎中国朋友的到来，为了表达我此时此刻的心情，请允许我用中国的东北话向大家问好……"

【诊断】

"杜娟花"应为"杜鹃花"。音同形似致误。

【辨析】

鹃，读 juān，从鸟，肙声。鸟名，即杜鹃，又名子规、怨鸟等。身体灰黑色，春夏时节昼夜不停地啼叫，其声凄切。

"鹃"为何称"杜鹃"呢？据《华阳国志》《蜀王本纪》等书记载，与蜀王杜宇有关。传说杜宇失国而死，魂化为鹃鸟，昼夜啼哭不已，鸣曰"不如归去""不如归去"……鹃于是称"杜鹃"。南朝宋鲍照《拟行路难》诗之七："中有一鸟名杜鹃，言是古时蜀帝魂。声音哀苦鸣不息，羽毛憔悴似人髡。"在后代的诗文中，杜鹃代表悲苦、哀伤。

杜鹃花，又名映山红、山石榴、山鹃等。此花开在春季杜鹃鸟鸣啼之时，故名。清代黄遵宪《杜鹃》诗云："杜鹃花下杜鹃啼，苦雨凄风梦亦迷。"

娟，读 juān，从女，肙声。本义指"美好"，多指"姿态美"。《洪武正韵·先韵》："娟，美好貌。"唐代大诗人王昌龄《山中别庞十》："幽娟松筱径，月出寒蝉鸣。""娟"是汉语中的常用字，由它组成的双音节词语很多，如"娟巧""娟好""娟秀""娟妍""娟妙""娟倩""娟媚""娟洁""娟丽"等等。现在女性名字多用"娟"字，取"美好""秀丽"之意。

作为鸟名的"杜鹃"没有写作"杜娟"的。

链接：说"肙"

上文所说的"鹃""娟"两字，均以"肙"作声符，另如"捐""绢""涓""褕""狷"等等字，也以"肙"作声符。"肙"又是一个什么字呢？

肙，读 yuàn，从肉，口声。本义指小虫，即孑孓，蚊子的幼虫，是蚊子的卵在水中孵化出来的，体细长，游泳时身体一屈一伸。《说文•肉部》："肙，小虫也。"段玉裁注："《考工记》注云：'谓若井中虫蜎蜎'。按：井中虫孑孓，虫之至小者也，不独井中有之。"

现在"肙"一般不单用。

功亏一溃（篑）

[病例] 骤下大雨，甲组队员功亏一溃，没有按时到达终点，乙队如愿以偿，获得了最后的胜利。

【诊断】

"功亏一溃"应为"功亏一篑"。音同形似义混致误。

【辨析】

篑，读 kuì，从竹，贵声，本义是指"古代盛土用的竹筐"。《玉篇·竹部》："篑，土笼也。"

"功亏一篑"是一个使用频率很高的成语，典出《尚书·旅獒》："为山九仞，功亏一篑。"意思是堆积九仞（仞，古时八尺或七尺叫一仞）高的土山，只差一筐土而不能完成。后用"功亏一篑"比喻一件大事只差最后一点力量而前功尽弃，常含有惋惜之意。明代海瑞《平黎疏》："功亏一篑，坐失事机，陛下将奚取哉？"又作"九仞一篑"。如明代张煌言《上延平王书》："九仞一篑，殿下宁不自爱乎？"又作"为山止篑"。如《北史·齐本纪上》六："决在于王，非朕能定，为山止篑，相为惜之。"还可作"一篑功亏""一篑亏功""一篑而亏"等等。

溃，读 kuì，形声字，从水，贵声，本义是指"漏水"。《说文·水部》："溃，漏也。"引申指"水冲破堤防"。五代徐锴《说文解字系传》："溃，决也。"现在还常用的"溃决""溃口""溃堤""溃坝"等词语中的"溃"，用的就是这个意思。引申指"突破"，如"溃围"等。还引申指"溃败""溃散"，如"溃不成军""溃灭""溃兵""溃逃""溃散"等等。肌肉组织的腐烂，也称"溃"，如"溃疡"等。"功亏一篑"显然是不能写作"功亏一溃"的。

链接："功亏一匮"对吗?

在书报刊上我们也经常见有人把"功亏一篑"写作"功亏一匮"。如下例:

1.巩固宏观调控成果，防止功亏一匮。

2.记住，这次要是输了，以前的全部努力就功亏一匮。

这两个句子中的"功亏一匮"显然都应该写作"功亏一篑"。

匮，读 guì，形声字，从匚，贵声。本义是指"收藏衣服的家具"。《说文·匚部》:"匮，匣也。"此义后世写作"柜"。可见"匮"是"柜"的本字。

匮，也读作 kuì，义为"竭尽""缺乏"。《广韵·至韵》:"匮，竭也，乏也。"现在还常用的"匮乏""匮缺""匮竭"等，用的就是此义。

可见，"功亏一篑"的"篑"写成"匮"是讲不通的。

有人根据今本《尚书》中"为山九仞，功亏一篑"，在古本《尚书》中作"为山九仞，功亏一匮"，因而认为"功亏一篑"也可写作"功亏一匮"。这种说法是值得商榷的。因为"功亏一篑"已经演变成一个四字格成语了，而《尚书》中的那句话只能看作这个成语的出处，二者不是同一回事。况且在今本《尚书》中是作"篑"的。从上文中可以看出，作为成语"功亏一篑"在汉语使用中有许多变体，但从未见有人把"篑"写作"匮"的。辞书中，收入的也都是"功亏一篑"，而非"功亏一匮"。所以，"功亏一匮"不应提倡!

兰（蓝）色

[病例]发圈是兰色的，裙子是兰色的，背包是兰色的……她身上的一切都是兰色的。

【诊断】

"兰色"应为"蓝色"。音同义混致误。

【辨析】

蓝，繁体字作"藍"，读 lán，形声字，从草，监（監）声。本义是指一种可以当蓝色染料的草，即"蓼蓝"。此草为一年生草本植物，叶形似蓼（读 liǎo，一年生或多年生草本植物，叶子互生，味辛，花多为淡红色或白色，结瘦果）而味不辛，干后变暗蓝色，可以加工成靛青做染料。"蓝"也可泛指叶含蓝汁可制作蓝靛的其他植物，如木蓝、松蓝、马蓝等。《说文·艸部》："蓝，染青草也。"引申指"深青色"，如"天蓝""蔚蓝"等等。

兰，读 lán，繁体字作"蘭"，从草，阑声。本义也是指一种草，即现在所说的"兰草"，古称"泽兰"。多年生草本植物，叶卵形，边沿有锯齿，有香气，秋末开花，可供观赏。《本草纲目·兰草》则认为"兰草""泽兰"是两个品种，其中说："兰草、泽兰，一类二种也。俱生水旁下湿处，二月宿根生苗成丛，紫茎素枝，赤节绿叶，叶对节生，有细齿。但以茎圆节长而叶光有歧者为兰草，茎微方，节短而叶有毛者为泽兰。"看来，"兰草""泽兰"，浑言之则无别，析言之则有别。不过，无论何种情况，都称"兰"。兰是绿色的，没有人会拿它去做"蓝色"染料。

为什么经常有人把"蓝"误成"兰"呢？因为简化字颁布实施后，"蓝"简化成了"蓝"，"蘭"简化成了"兰"。后来颁布实施了《第二次汉字简化方案（草案）》，又把"蓝"进一步简化成"兰"，于是"蓝色"就写成了"兰色"。后来废除了"二简字"，"兰色"恢复成"蓝色"。但受"二简字"的干扰，现在社会上还常有人把"蓝色"误写成"兰色"。

链接：受"二简字"干扰的其他常见别字举例

病例	二简字	正字	病例	二简字	正字
邦助	邦	帮	一合饼干	合	盒
生广	广	病	陷井	井	阱
船仓	仓	舱	氿菜	氿	酒
就少	少	餐	欠意	欠	歉
树叉	叉	权	年令	令	龄
芴姜	芴	葱	比宙	宙	赛
回荅	荅	答	仃止	仃	停
鸡旦	旦	蛋	午蹈	午	舞
铁丁	丁	钉	仗件	仗	信
忿慨	忿	愤	欢迊	迊	迎
式圆钱	式	贰	忑想	忑	感
水初	初	稻	家具	具	具
一付对联	付	副	百貌	百	面
包果	果	裹	寺草	寺	青
真理	真	真	容㐃	㐃	易

赔理（礼）道歉

[病例] 自从养了这狗后，邻居三天两头来提意见，我老得向人家赔理道歉，真是没办法。

【诊断】

"赔理道歉"应为"赔礼道歉"。音同义混致误。

【辨析】

礼，繁体字作"禮"，从示，从豊，豊亦声。示，表示神灵；豊，即醴的初文，祭祀时所用的甜酒。"礼"的本义是"敬神""祭神以致福"。《说文·示部》："礼，……所以事神致福也。"祭祀神灵往往是有一套严格而隆重的仪式的，所以"礼"引申指"礼节""礼仪"，如"婚礼""丧礼""典礼"等等。还引申指"礼物"，即表示敬意的物品，如"送礼""厚礼"等等。还引申指"敬重""以礼相待"，如"礼贤下士""礼待下人"等等。

"赔礼道歉"即有了过错，向人施礼认错。如莫言《四十一炮·第十三炮（下）》："你要是有志气，这次何必还要回来？回来了何必还要向老娘赔礼道歉？"再如李国文《涅槃》十四："他让小刚向那位受到身心伤害的女孩子赔礼道歉，大少爷在气头上，哪肯低这份头，骂骂咧咧，出言不逊，叫他难堪透顶，下不了台。"

理，形声字，从玉，里声。本义是"加工玉器"，即顺着纹路把玉从璞中剖分出来。《说文·玉部》："理，治玉也。"《战国策·秦策三》："郑人谓玉未理者璞。"句中的"理"，显然指的是加工玉器。引申指"纹路"。《广韵·止韵》："理，文也。"如"纹理""肌理""条理"等等。还引申指"治理""料理""管理"。唐代裴度《寄李翱书》："理身、理家、理国、理天下，一日失之，败乱至矣。"再如"日理万机""食宿自理""理财""护理"等等，均是此义。也引申指事物的规律、道理。《广雅·释诂三》："理，道也。"如"合情合理""事理""真理"等等。

"理"与"礼"意义截然不同。"赔礼道歉"不能写成"赔理道歉"。

链接：说"赔"

赔，读 péi，形声字，从贝，音声，本义是"赔偿损失"。《正字通·贝部》："赔，补偿人财物曰赔。"此义一直是汉语中的基本义，如"赔款""赔损失""照价赔偿""赔账"等等。引申指"耗费""亏蚀"，如"赔本""赔了夫人又折兵"等等。向受损害或受伤害者道歉或认错，有向当事人"赔偿"损失的意思，所以也称"赔"，如"赔不是"等。"赔礼道歉"的"赔"也是此义。

行礼（李）箱

[病例] 在这次工人大罢工中，列车工人不在其列，你可以放心地拎着行礼箱上车，到你想去的地方。

【诊断】

"行礼箱"应为"行李箱"。音同义混致误。

【辨析】

李，本义即李树，蔷薇科，落叶小乔木，果味甘甜，可生食及制作蜜饯，果仁、根皮可供药用。也指李树的果实。还作姓氏用字。

在古汉语中，"李"还通"理"。如古代有"理官"一职，典籍中也作"李官"。章炳麟《官制索引》："理官亦借李字为之，《管子》云'皋陶为李'，《汉书·胡建传》引《黄帝李法》，此皆假借之字也。"

古有"行理"一词，指使人，即往来于国家之间的外交官员。如《左传·昭公十三年》："行理之命，无月不至。"杜预注："行理，使人通聘问者。"此外，《国语》等其他典籍中，也出现过"行理"一词，都指"使人"。由于"李"可通"理"，所以"行理"也作"行李"。如《左传·僖公三十年》："行李之往来，共其乏困。"杜预注："行李，使人。"清代郝懿行《证俗文》卷六云："古者行人谓之'行李'，本当作'行理'，理，治也。作'李'者，古字假借通用。"大约秦以后，"行理"逐渐"退隐"，而"行李"一统天下。

可见，"行李"即"行理"，就是"行走"于国与国之间，以"治理"国家的人。后来，词义引申，由名词变成动词，指"出使"。如南宋叶适《送戴料院》诗："世路岂云极，念子行李频。"又由"出使"引申出"行旅"。如唐代杜甫《赠苏四傒》诗："别离已五年，尚在行李中。"又由"行旅"引申出"出行时所带的东西"。如明代冯惟敏《南锁南枝·盹妓》曲："半夜三更路儿又蹊跷，东倒西欹顾不的行李。"在现代汉语中，"行李"的大部分意思都不用了，只剩下最后一个意思："出行时所带的东西"。

装行李的箱子，即"行李箱"。

由此可以看出，"行李"如果写成"行理"虽然不符合现代汉语的书写习惯，但也算其源有自，但写成"行礼"就不对了，因为从古至今从未见有如此写法。

链接："李"姓的来源

"李"是我国的大姓，在第三次全国人口普查资料的抽样统计中。"李"排在"王"姓之后，位列第二。

关于"李"的来源，有这样一种说法很流行：商纣时，皋陶后裔在朝为官，因直谏得罪了商纣王而被处死。其妻带着儿子逃难时，因食李子充饥，才得以活命，便改姓为"李"。这种说法，传说而已，不可靠。

"李"姓为颛顼帝高阳氏后裔皋陶之后。尧时，皋陶曾担任理官（掌管刑狱），子孙世袭理官之职。按照当时的习惯，以官为姓，称"理"姓。由于"理""李"两字相通，大约春秋时"理"姓便改姓了"李"。据《姓氏考略》记载，"李"始于老子李耳。老子本姓"理"，祖上世代为理官。

黄粱（粱）一梦

[病例]可惜我赤胆忠心，成了黄粱一梦；我心洁白无瑕，却得不到与她天长地久。

【诊断】

"黄粱一梦"应为"黄粱一梦"。音同形似所致。

【辨析】

粱，形声字，从米，梁省声，本义指小米。《篇海类编·米部》："粱，似粟而大，有黄、青、白三种，又有赤黑色者。"黄粱，即黄小米。《楚辞·招魂》洪兴祖补注引《本草》："黄粱出蜀、汉，商、浙间亦种之，香美逾于诸粱，号为竹根黄。"

"黄粱一梦"典出唐代沈既济《枕中记》。卢生旅途经过邯郸，住在一家客店里。道士吕翁也住在这家客店里。两人谈话之间，卢生流露出对自己穷困境况的怨叹之意。吕翁从行李中取出一个枕头，对卢生说：枕着这个枕头睡觉，可获得荣华富贵。这时，店主正在煮黄粱饭。卢生枕着枕头睡去，立刻做起梦来。在梦里，卢生娶了清河崔府里一位高贵而美丽的小姐，生活阔绰。第二年，又考中进士。后来步步高升，做到了"节度使""户部尚书""中书令"，受封"燕国公"。五个儿子，都和名门望族结了亲，而且都做了大官。一共有十几个孙子，个个都聪明出众。真是子孙满堂，福禄齐全。卢生活到八十多岁才寿终正寝。梦醒才发觉原来是一场梦，店主煮的黄粱饭还没有熟哩。卢生很觉惊异，吕翁笑道："人生就是这样！"后世用"黄粱一梦"，比喻荣华富贵终成泡影，想要实现的愿望完全破灭，又比喻虚幻的梦境。也作"黄粱美梦""黄粱一枕""邯郸一枕""一枕黄粱"等，还省作"黄粱梦""邯郸枕""邯郸梦"。

梁，也是形声字，从木，从水，刅（chuāng，同"创"，"创伤"之义）声。本义指架在河上的桥梁。引申指架在墙上或柱子上支撑房顶的横木。"黄粱一梦"写作"黄梁一梦"，词义尽失。

链接：略谈"邯郸学步"

在汉语词汇系统中，还有一个与"邯郸"有关的著名成语，它就是"邯郸学步"。在此略作介绍。

"邯郸学步"，或作"学步邯郸"，典出《庄子·秋水》。战国时代，寿陵（燕之邑）有个年轻人到了邯郸（赵之都），看到那里的人走路姿势很优美，就跟着学起来。结果不但没有学好，反而连自己原来走路的步法也忘掉了，只好爬着回去。后世以"邯郸学步"，比喻生硬地模仿，不但学不到人家的本领，反而连自己固有的长处也丢掉了。

也可省作"邯郸"。清代钱谦益《列朝诗集小传·郑郎中善夫》："继之（郑善夫的字）才故沉郁，去杜为近。过为模仿，几丧其真。寿陵之步亦可为工，奚必邯郸也？"还可省作"学步"。明代李贽《藏书·世纪列传总目后论》："儒臣虽名为学，而实不知学，往往学步失故，践迹而不能造其域，卒为名臣所嗤笑。"

廖廖（寥寥）无几

[病例]在世界其他地方分布广泛的动物，在拉美却很稀有，如兔科、松鼠科动物在拉美都廖廖无几。

【诊断】

"廖廖无几"应为"寥寥无几"。音近形似致误。

【辨析】

寥，读 liáo，形声字，从宀，翏声，本义指"空虚"。《玉篇·宀部》："寥，空也。"《老子》第二十五章："有物混成，先天地而生，寂兮寥兮，独立而不改。"王弼注："寥者，空无形。"此义现在还常用。如李蕤《这里有十万颗火热的心》："高旷宏伟的厂房里寥无人迹，只有轧制成材的钢铁以高速度无尽地向前飞泻。"引申指"深远""宽广"，如"寥远"即遥远、深远，"寥邈"即深远，"寥廓"即空旷深远，"寥豁"即广大、空旷，"寥宇"即广阔的天空。再引申指"稀少"，如"寥落"即稀疏、稀少，"寥若晨星"即稀少得像早晨的星星。还引申指"寂静"，如"寥寂"即寂静无声，"寥莫"即冷清、孤单。

寥寥，稀少；无几，没有多少。"寥寥无几"是汉语中的常用词语，形容数量非常少。如峻青《瑞雪图》："秋天勉强落了几滴小雨，大秋作物虽然没有干死，但收到手的粮食却寥寥无几。"

廖，也是形声字，从广，翏声。有两个读音。一读 liào，本是一古国名。《集韵·宥韵》："廖，国名。"也作姓。

《说文解字新附》："廖，人姓。"在第三次全国人口普查资料的抽样统计中，"廖"排61位。"廖仲恺"大家都很熟悉，是现代史中廖姓中的大人物。一读 liáo，古代的人名用字。《集韵·萧韵》："廖，人名。"

链接：说"蓼"

笔者曾在一家刊物上见到一篇一位大学老师怀念其去世的母亲的文章，标题为"'蓼莪'感心"。标题中的"蓼莪"无疑是"蓼莪"之误。

蓼，本读 liǎo，从艸，翏声。本指一种一年生或多年生草本植物，有红蓼、水蓼、刺蓼等。味辛，又名辛菜，可作调味品。引申比喻辛苦。《新唐书·李景略传》："与士同甘蓼。""甘蓼"即甘辛。古也读 lù，指植物高大的样子。《诗·小雅·蓼萧》："蓼彼萧斯。"毛传："蓼，长大貌。"《诗·小雅》中还有篇《蓼莪》。莪，读 é，莪蒿，野草名。诗歌以"蓼莪"起兴，表达了子女追念双亲的抚养之恩。后世因此以"蓼莪"表达对亡亲的悼念。苏东坡《谢生日诗启》："蓼莪之感，迫衰老而不忘。"

上述文章显然用的是"蓼莪"一词，误成"蓼莪"就不知其意了。

凤毛鳞（麟）角

[病例]据统计，1992 年国内 744 名学科带头人中 56 岁以上的占 61.5％，50 岁以下的只占 10％，35 岁以下的年轻人如凤毛鳞角。

【诊断】

"凤毛鳞角"应为"凤毛麟角"。音同形似所致。

【辨析】

麟，读 lín，从鹿，粦声。本义是指"大雄鹿"。《说文系传·鹿部》："麟，大牡鹿也。"也指"麒麟"。麒麟是我国古代神话传说中的神兽。其性情温和，不伤害人畜，不践踏花草，古称"仁兽"。相传只在太平盛世或有圣人出现时才出现。传说麒麟能让人生儿子，民间有麒麟送子之说。凤，即凤凰，是我国古代传说中的百鸟之王，在中国文化传统中的地位仅次于龙。凤凰也常用来象征祥瑞。

凤毛麟角，即凤凰的毛，麒麟的角，比喻稀少而珍贵的人才或事物。续范亭《庆祝苏联十月革命节想到我们自己的国家》："如刘志丹、鲁迅这种人在旧社会里，真所谓凤毛麟角，很难找到的。"

鳞，读 lín，形声字，从鱼，粦声。本义是指鱼类、爬行类和少数哺乳类动物密排于身体表层的衍生物，具有保护身体之用。也可作鱼的代称。泛指有鳞甲的动物。比喻形状如鳞片的东西。

吃鱼的时候，"鳞"一般都会丢弃，它不是什么稀罕之物，显然和"凤毛麟角"的意思相去甚远。

链接："麟"字族成语举例

上文已经介绍，"麟"是我国古代传说中的"神兽"，在传统文化中占有重要地位。因此，汉语中有许多带有"麟"字的成语．试举数例如下：

麟凤龙龟：传说中的四种灵物，比喻稀有珍贵的东西，也比喻品格高尚、出类拔萃的人。

麟凤一毛：比喻稀有珍贵的一小部分。

麟角凤距：麒麟的角、凤凰的爪（距），比喻稀有珍贵却未必能用得上的事物。

麟角凤嘴：麒麟之角、凤凰之嘴，比喻稀罕名贵之物。

麟趾呈祥：《诗经·周南·麟之趾》是称颂周文王子孙众多而贤能的，后以"麟趾呈祥"祝颂人们子孙兴旺而贤能。

麟子凤雏：麒麟之幼兽、凤凰之幼鸟，比喻英俊聪颖的少年。

杀戳（戮）

【诊断】

"杀戳"应为"杀戮"。形似致误。

【辨析】

戮，读 lù，形声字，从戈，翏声。本义是"杀"。《说文·戈部》："戮，杀也。""杀戮""屠戮""戮害"等词语中的"戮"，用的就是本义。还如"戮罪"即杀戮有罪之人，"戮贼"即该杀的贼人，"戮勇"即杀敌之勇，"戮身"即杀身。

"戮"还可指"陈尸示众"。《国语·鲁语下》："昔禹致群神于会稽之山，防风氏后至，禹杀而戮之。""杀而戮之"并不是说大禹把防风氏杀了又杀，而是说把防风氏杀了后陈尸示众。引申指"惩罚"。《左传·僖公二十七年》："楚子将围宋，使子文治兵于睽，终朝而毕，不戮一人。"句中的"不戮一人"不是不杀一人，而是不处罚一人。

戳，读 chuō，也是形声字，从戈，瞿声。本义是指用物体尖端"触刺"。《篇海类编·戈部》："戳，枪戳也。"《红楼梦》第三十回："（林黛玉）便咬着牙，用指头狠命地在他额上戳了一下。"再如"戳穿"即刺穿、揭穿，"戳破"即刺破、揭破。引申指"刺激""指责"。如"他的话戳了他爹的心""办事不公正，别人就会在背后戳脊梁骨"等。还可引申指"竖起""站立"。如"把棍子戳起来""大家都走了，只有他一个人还戳在那儿一动不动"等。作为名词，

"戳"还可指"图章",如"戳记""邮戳""盖戳"等等。

"戳"没有"杀"的意思,"杀戮"不能写作"杀戳"。

链接:"弑"字说略

古代是个等级森严的社会,君主高高地凌驾在平民百姓之上。为了表示与平民百姓的区别,君主还拥有特有的词汇,如自称不用"我"等而用"朕",去世不说"死"而说"驾崩",等等。

"弑"也是这样一个词,其本义是"臣子杀死君主"。《说文·杀部》:"弑,臣杀君也。"古代社会,同时也是一个"家长制"社会,父母在家庭中的地位,几乎如同君主在一国中的地位,有绝对的权威。所以"弑"除了指杀死君主以外,也可指"子女杀死父母"。《易·坤》中就有这样的话:"臣弑其君,子弑其父,非一朝一夕之故,其所有来者渐矣。"

我们经常见到有人把君杀臣或父杀子称"弑",这无疑不符合汉语的规范。这种情况下,只能用"戮"或"杀"。

美仑（轮）美奂

［病例］好像美梦刚醒，揉揉眼睛，左边是巍峨
庄严的大会堂，右边是美仑美奂的博物馆。

【诊断】

"美仑美奂"应为"美轮美奂"。音同致误。

【辨析】

轮，本指车轮。引申指"车""转动""更替""轮回"
等。"轮"还可借指"树的横枝""人的头部与四肢"等。

在古汉语中，有一个叠韵联绵词"轮囷"，意思是"硕
大""高大"。如宋代范成大《吴船录》卷上："尤多荔枝，
皆大本，轮囷数围。""轮囷数围"意思是荔枝的根部（本）
硕大，有"数围"之粗。再如清代厉鹗《东城杂记·灌园生》：
"夏果磊落，秋瓜轮囷。""秋瓜轮囷"说的是秋瓜硕大。

奂，"换"的本字。《说文》："奂，取奂也。"朱骏声《说
文通训定声》："奂，疑即'换'字之古文。"在古汉语中，
"奂"可借指"众""大""盛"。《玉篇》："奂，众多
也。"《大戴礼记·四代》："可以知古，可以察今，奂然
而与民壹始。"王聘珍解诂："奂然，盛貌。"

"美轮美奂"典出《礼记·檀弓下》：晋文子赵武家
里新落成一所房屋，晋国大夫去祝贺。张老曰："美哉轮焉，
美哉奂焉。"郑玄在这里做了一个注释："心讥其奢也。轮，
轮囷，言高大；奂，言众多。"后世用"美轮美奂"，形容
房屋高大美观。如邹韬奋《萍踪寄语》八："我们经过一个
美轮美奂的宏丽华厦的区域，开车的告诉我们说这是西人和

本地富翁的住宅区域。"

也作"轮奂之美"。如南朝梁刘孝仪《为王仪同谢宅启》："但匈奴未灭，遽当轮奂之美。"还可省作"轮奂美""轮奂"等。

"美轮美奂"是个使用频率非常高的成语，但写错的频率也很高，除了写成"美仑美奂"外，还有人写作"美伦美奂"。无疑都不对。

链接："美轮美奂"词义浅说

请看例句：

1. 假若把青山喻为一道翠屏，把太湖比作一片明镜，那么，陶都宜兴就应该是一位美轮美奂的靓女，她正在这里聚精会神地为艺术做着奉献。

2. 令人讨厌的是连篇累牍的广告，虽然美轮美奂，但时时打断人的兴致，终究不胜其烦。

"美轮美奂"是形容建筑的，但这两个句子中的"美轮美奂"显然已超出其传统的使用范围。所以，有人认为，类似的用法是误用。2007年央视春晚，一个舞蹈节目过后，主持人董卿说："真是美轮美奂……"许多人大加挞伐，严厉地批评董卿，说她用错了成语。但也有人为董卿辩护，认为词语是在发展演变的，使用范围逐渐扩大，符合语汇发展规律。如"江""河"原指"长江""黄河"，后来其他的江河也称"江"称"河"。"美轮美奂"原来形容建筑高大美观宏丽，在长期使用中扩大范围，也形容建筑以外的其他事物的高大、美观、宏丽，有何不可？

笔者认为，是否能把此类用法当成"美轮美奂"的新义，而使之合法化，还有待时间的考验。目前，建议尽量少用。

罗（啰）唆

[病例] 他对这个女人一次又一次地讨价还价感到有些厌烦了，再也顾不上什么绅士风度了，大声嚷嚷："别跟我罗唆啦，价格已经提高了两倍，哪儿有这样的好事？没有！"

【诊断】

"罗唆"应为"啰唆"。音近致误。

【辨析】

啰，繁体字作"囉"，形声字，从口，罗（羅）声。在汉语中主要有两个读音。

一、读 luó。是古汉语中的一个助词，用在歌、曲中作衬字。由于曲调的不同，有时又作"哩啰""啰哩""啰里啰""啰哩哩"等等。《广韵·歌韵》："啰，歌助声。"如《雍熙乐府·黄莺儿·王威宁归隐》："唱一会啰里啰，论清闲谁似我。"

二、读 luō。用于"啰唆"一词中。"啰唆"是个叠韵联绵词，也作"啰嗦""啰哝"等，一般写作"啰唆"。指语言琐碎。如《红楼梦》第八回："黛玉站在炕沿上道：'啰唆什么？过来，我瞧瞧罢！'"也指麻烦。如洪深《这就是"美国的生活方式"》第三幕第一场："这种啰唆的事情，本来是早点结束掉最好。"还指"纠缠"。如洪深《咸鱼主义》："要饭的也来啰唆不清，（挥乞丐去）快走！""啰唆"是从清代早期开始大量在文献中出现的，它可能来自"啰嗻"一词。《集韵·麻韵》："啰嗻，多言。"

"啰唆"为何常被误写成"罗唆"？这是有历史原因的。

在用繁体字书写的时代，"啰唆"是写作"囉唆"的。1964年国家公布《简化字总表》，将"囉"简化成"罗"，"囉唆"于是也跟着简成了"罗唆"。1986年国家重新发布《简化字总表》，其中规定："囉"不再作"罗"的繁体字，而把"囉"依照简化偏旁"罗"类推简化为"啰"。于是"罗唆"废，而"啰唆"成了规范词形。如果对1986年国家重新发布《简化字总表》时所作的有关规定不了解，"罗唆"就会照旧行于世，不明者再加以错误模仿，"罗唆"于是成了一个语文"痼疾"。

链接：还须注意的几个字

在1964年公布的《简化字总表》中，也曾把"叠""覆""像""瞭"简化成"迭""复""象""了"。也就是说，按这次公布的《简化字总表》，"重叠""叠被子"应写作"重迭""迭被子"，"天翻地覆""覆辙"应写作"天翻地复""复辙"，"画像""好像"应写作"画象""好象"，"瞭望""瞭哨"应写作"了望""了哨"。

1986年重新公布《简化字总表》时，除了规定"囉"不再作"罗"的繁体字而简化成"啰"以外，还规定："叠""覆""像"恢复使用，不再简化成"迭""复""像"；"瞭"读liǎo（了解）时，仍简化成"了"，读liào（瞭望）时作"瞭"，不简化为"了"了。于是"了望""了哨"恢复成"瞭望""瞭哨"，"画象""好象"恢复成"画像""好像"，"天翻地复""复辙"恢复成"天翻地覆""覆辙"，"重迭""迭被子"恢复成"重叠""叠被子"。

捉谜（迷）藏

[病例] 只要威廉在办公室，艾米莉就会神情恍惚，魂不守舍，最终只好辞职回家，成天和女儿玩捉谜藏的游戏。

【诊断】

"捉谜藏"应为"捉迷藏"。音同义混致误。

【辨析】

迷，读 mí，形声字，从辵，米声。本义是"迷路""不辨方向"。《广雅·释诂三》："迷，误也。""误"的意思是在路途中搞错了方向。此义从古至今一直沿用，现在人们还经常使用的"迷宫""迷航""迷路""迷途"等等中的"迷"，用的就是其本义。引申指"失去判断能力"，如"迷惑""迷糊""迷乱""迷茫""当局者迷"等等。再引申指"沉醉于某一事物"，如"迷恋""迷醉""痴迷""球迷""入迷""财迷心窍""执迷不悟""目眩神迷""纸醉金迷"等等。

迷藏，也叫捉迷藏，是一种大家都很熟悉的游戏，小时候可能都玩过，即用布条等把眼睛蒙住，摸索着去捉在身边来回躲避的人。据记载，唐明皇就常与杨贵妃玩这种游戏。无名氏《致虚阁杂俎》记载："明皇与玉真（杨贵妃）恒于皎月之下，以锦帕裹目，在方丈之间，相互捉戏，谓之捉迷藏。"

此游戏为何称"捉迷藏"呢？相信大家都清楚了：以捉住对方为目的，故称"捉"；眼睛被蒙住，看不见对方，辨不清方向，故称"迷"；总是躲着对方，故称"藏"。

谜，读 mí，形声字，从言，迷声。本义是指"谜语"，即暗射事物或文字等供人猜测的隐语。由谜面、谜底两部分组成，谜面是指说出来或写出来供人作猜测线索的话，谜底即谜语的答案。谜语，古称"廋（读 sōu, 隐藏）语"或"隐语"。《玉篇·言部》："谜，隐言也。"《集韵·齐韵》："谜，言惑也。"可见，"谜语"是一种语言或言辞游戏，所以"谜"以"言"作义符。

"捉迷藏"与"语言"或"言辞"无关，其"迷"不能写成"谜"。

链接：谜语简介

谜语在我国起源很早，大约在商代就出现了。有学者说，《易经》"归妹"卦爻辞"女承筐，无实"是商代短谣，也是我国最早的谜语。"女承筐"即"女子手里提着筐子"，是谜面；"无实"即"筐里空无一物"，是谜底。

谜语最早称为"隐"，记载见于《韩非子·喻老》："右司马御座，而与王隐。"而后又有"廋辞""廋语"之称。"谜语"一词最早见于南朝梁刘勰的《文心雕龙·谐隐》："自魏代以来，颇非俳优，而君之嘲隐，化为谜语。"因猜谜活动多在元宵灯节举行，后世又多称为"灯谜"。

猜谜在我国有极为广泛的群众基础。不论古今南北，不分男女老幼，不管贫富贵贱，几乎所有人都是猜谜爱好者。《红楼梦》中"刘姥姥进大观园"一节，就有专门描写贾府老小与刘姥姥猜灯谜的生动篇章，足见猜谜活动对我国各阶层民众生活的影响。

所向披糜（靡）

[病例] 不愧是英雄的部队，"铁军"一路北上，所向披糜，打得沿路军阀四处逃散。

【诊断】

"所向披糜"应为"所向披靡"。音近形似致误。

【辨析】

靡，读 mǐ，形声字，从非，麻声，本义是"倒下"。本义是"倒下"的"靡"，为什么从"非"呢？

非，象形字，象两翅相背之形。其本义是"违背"，如"非法"即"与法律相违背"。引申指"错误"（与"是"相对），如"习非成是""痛改前非"等。再引申指"责备""反对"，如"非难""非议""无可厚非"等等。进一步引申指"下""向下"，如"世道日非""境况日非"等。

正因为"非"有"下""向下"的意思，所以从"非"的"靡"本义指"倒下"。《广韵·纸韵》："靡，偃也。"偃，读 yǎn，倒下。也许"倒下"即意味着全部结束、完结，所以"靡"可以引申指"无""没有"。《尔雅·释言》："靡，无也。""倒下"也意味着被"征服"，所以"靡"还引申指"服从""亲顺"。《古今韵会举要·纸韵》："靡，顺也。""服从""亲顺"总归是一件好事，所以"靡"进一步引申指"美好""华丽"。《玉篇·非部》："靡，好也。"

"所向"指"力量所达到的地方"。"披"意思是"散开"。"披靡"指"（草木）随风散乱地倒下"。"所向披靡"是个使用频率颇高的成语，意思是：力量所达到的地方，一切东西都像草木一样随风倒下，比喻所有障碍全部轻而易举地克服。后来专喻兵力所到之处，敌人纷纷溃败。

糜，读 mí，形声字，从米，麻声，本义是指"稠粥"。徐锴《说文解字系传·米部》："糜，即粥也。"引申指"烂"，如"糜烂"。"糜"没有"倒下"之义，所以在古今汉语中，都没有人把"所向披靡"写成"所向披糜"。

链接："靡""糜"有时也通用

"靡""糜"虽然形似音近，但构字理据不同，字义的区别很明显。只要对这两个字的字形字义细加辨析，还是不会把它们混为一体的。但有一点我们必须注意：这两个字有时是"通用"的。

"靡"除了读 mǐ 外，还读 mí，义指"浪费"。这时"靡"可与"糜"通用。宋代徐梦莘《三朝北盟会编》卷二百四十八："不益于好，而糜费功夫。"其中的"糜"通"靡"。这就是在汉语典籍中常见"靡费"写作"糜费"、"奢靡"写作"奢糜"的原因。上文谈过，"糜"可以指"烂"。此时"糜"可与"靡"通。《庄子·胠箧》："昔者龙逢斩，比干剖……子胥靡。"其中的"靡"同"糜"。陆德明释文云："靡，……烂之于江中也。"

"靡""糜"通用仅限于上述两种情况，其他场合则不能以"靡"代"糜"或以"糜"代"靡"。不过，从规范角度来说，还是应该使用本字而不要使用通假用字。

沉缅（湎）

[病例] 他们认识到，西方的意识形态终究会发生危机，因为它容易使人们沉缅于声色货利之中，忘掉了生活的真正意义。

【诊断】

"沉缅"应作"沉湎"。音同形似致误。

【辨析】

湎，读 miǎn，从水，面声，本义是指"沉迷于酒"。《说文·水部》："湎，沉于酒也。"引申指"沉迷""迷恋"。再引申指"放纵""散漫"。

沉湎，犹言沉溺，即陷入不良的境地而不能自拔，多指生活习惯方面。如鲁迅《魏晋风度及文章与药及酒之关系》："他的意思是，天地神仙都是无意义，一切都不要，所以他觉得世上的道理不必争，神仙也不足信，既然一切都是虚无，所以他便沉湎于酒了。""沉湎"还可指"沉浸"，比喻潜心于某种事务或处于某种境界、某种思想活动或情感中。杨沫《青春之歌》第二部第三十八章："她仿佛不是在人声鼎沸、充满激烈斗争的场所，却像在一个孤零零的地方，一个人深深沉湎在自己的忧伤中。"

缅，读 miǎn，从糸，面声，本义指"细丝"。《说文·糸部》："缅，微丝也。"大概细丝一般都是有一定长度的，所以"缅"引申指"遥远""久远"。《广韵·狝韵》："缅，远也。"还可引申指"思念"。《玉篇·糸部》："缅，思貌也。"缅怀，即深情地怀恋、追念以往的人或事，如"缅怀先烈""缅怀往事"等。

"沉湎"写作"沉缅",无疑讲不通。

链接：说"恦"

也许因为"缅怀"是一种心理活动吧，在书报刊上，我们有时也见到有人把"缅怀"的"缅"写成从"心"的"恦"。如：

1. 为了教育后代，恦怀先烈，党和政府修建了满山红革命烈士陵园。

2. 我尽可能不去恦怀往事，因为我知道世上没有回头路可走。

两个例句中的"恦怀"无疑都是"缅怀"之误。基于这种误用，我们很有必要再来谈谈这个"恦"字。

恦，也读 miǎn，形声字，从心，面声，本义是指"勉励""勤勉"。《说文·心部》："恦，勉也。"也可指"思量"。《广韵·狝韵》："恦，思也。"还可指"惭愧"。宋代梅尧臣《贻妄怒》："彼士不为惭，吴人休独恦。"

"恦"的构词能力较弱，很少见到它与别的字构成双音节词语。《汉语大词典》"恦"字下只收有"恦愐"一词，义同"腼腆"。

希望不要再把"缅怀"写成谁也不用的"恦怀"了。

观摹（摩）

[病例]3月下旬，全军几十名炮兵训练行家汇集于广州军区某炮师，观摹这个师的实弹战术演习。

【诊断】

"观摹"应为"观摩"。音同义混致误。

【辨析】

摩，读 mó，形声字，从手，麻声。本义是"摩擦""研磨"。《说文·手部》："摩，研也。"现在常说的"摩拳擦掌"一词，意思就是摩擦拳头手掌，形容精神振奋、跃跃欲试。引申指"手按在某物上来回移动"，如"抚摸""按摩"等。再引申指"接触""接近"。如"摩肩接踵"即肩挨着肩，后面人的脚尖紧接着前面人的脚跟，形容行人众多，非常拥挤。"摩天大楼"即触到天上去了的大楼，泛指非常高的高层建筑。

"摩"还从"摩擦""研磨"义中引申指"研究""探究"，如"揣摩"即反复揣度、探究。

"观摩"即观看彼此的成绩并相互揣摩、研究、学习。如叶圣陶《线下·一个青年》："对于前人的作品可以观摩，可以参证，但决不可专事摹仿。"

摹，读 mó，形声字，从手，莫声，本义是"法度""规制"。《说文·手部》："摹，规也。"为什么"摹"能表示"法度""规制"的意思呢？清代王念孙《说文疏证》："摹，规也。摹与模通。"原来"摹"是"模"的通假字。

"模"即铸造器物的模子，引申指规范行为的"法度"。"摹"既然通"模"，因而也就有了"法度""规制"之义，引申指"仿效""描摹"，如"临摹""摹写"等等。

"摹"没有引申出研究、探究的意义，所以"观摩"不应写成"观摹"。

链接：再说"摩肩接踵"

"摩肩接踵"是一个使用频率颇高的成语，经常在书报刊上见到它的身影。下面的几个例子就是笔者最近从报刊上随手摘录的。

1. 比赛那天，山城人山人海，摩肩接踵，满街一片节日景象。

2. 走廊里人影幢幢，摩肩接踵，但并没有妨碍他行走。

3. 人海茫茫，摩肩接踵，心与心却相距万里。

4. 激昂、沸腾的人群，摩肩接踵，川流不息。

踵，脚后跟。"摩肩接踵"原作"比肩继踵"，表示肩膀挨着肩膀，后面人的脚尖碰着前面人的脚后跟，一个跟着一个接连不断。如《晏子春秋·内篇》："齐之临淄三百间，张袂成阴，挥汗成雨，比肩继踵而在，何为无人？"又可写作"比肩随踵"。如《韩非子·难势》："且夫尧舜桀纣，千世而一出，是比肩随踵而生也。"也可作"肩摩踵接"。如明代陶宗仪《南村辍耕录》二十八："一日，娶妇，其婚礼绝与中国殊，虽伯叔姊妹，有所不顾；街巷之人，肩摩踵接，咸来窥视。"还可作"接踵摩肩"。如宋邓牧《伯牙琴·代旃德观祭先贤文》："噫，何地无材，何代无贤，况东南之巨邦，宜接踵而摩肩。"

默（墨）守成规

[病例]企业的质量认证体系要适应企业的发展，要创新，要及时更新有关要素，不能默守成规。

【诊断】

"默守成规"应为"墨守成规"。音同致误。

【辨析】

"墨守成规"是个典故性成语，典出《墨子·公输》中的一个故事：楚国的国君楚惠王准备攻打宋国。楚惠王重用鲁国人公输般（鲁班），让他设计了一种攻城工具云梯。墨子反对战争，到楚国的都城郢去见公输般，劝他不要帮助楚王攻打宋国。公输般没有答应。墨子与公输般一起去见楚惠王。墨子对楚王说：楚国国土方圆五千里，地大物博，而宋国国土方圆不过五百里，物产不丰富。楚国攻打宋国，就像有了华贵的车马还要去偷人家的破车、扔了自己绣花绸袍而去偷人家旧短褂子。楚王虽然觉得墨子说得有道理，但还是不肯放弃攻打宋国的打算。墨子于是与公输般"沙盘推演"，当场演练起城池的攻防之法。最后公输般失败了，楚王只好放弃进攻宋国。后世因此称牢固的防守为"墨翟之守"。鲁仲连《遗燕将书》："今公又以弊聊之民，距全齐之兵，期年不解，是墨翟之守也。"后来又以"墨守"指牢固地坚持、固执保守、不思进取。清代黄宗羲《钱退山诗文序》："如钟嵘之《诗品》，辨体明宗，固未尝墨守一家以为准的也。"鲁迅《关于〈唐三藏取经诗话〉的版本》："我以为考证固不可荒唐，而亦不宜墨守，世间许多事，只消常识，便得了然。"

大约自宋代开始，人们逐渐用"墨守成法""墨守成规"，形容因循守旧，不肯变通。

可见，"墨守"即"墨翟之守"，如把"墨"改成"默"，成语意思尽失。

链接："快马加鞭"的出处

"快马加鞭"也是汉语中使用频率颇高的成语。有人认为，这个成语也出自《墨子》一书。现简述如下，供感兴趣者参考。

《墨子·耕柱》中有这样一个故事：

耕柱子聪颖过人，但不知发奋努力，墨子总是责备他。耕柱子说："先生，我真的没有比别人强的地方吗？"墨子说："我要上太行山，乘坐快马和牛，你打算鞭策哪一个？"耕柱子说："我鞭策快马。"墨子追问："为什么鞭策快马？"耕柱子说："快马值得鞭策，鞭打它可以跑得更快！"墨子的用意是启发耕柱子，让他努力求学，奋发上进，便对耕柱子说："我认为你也是值得鞭策的！你应该像快马一样力求上进啊！"

受此故事启发，后世人们便用"快马加鞭"，比喻不断努力，继续前进。

可备一说。

怄（呕）心沥血

[病例] 他在讲台上站了三十年，为小学语文教育事业怄心沥血，把自己的一生都奉献给孩子们了。

【诊断】

"怄心沥血"应为"呕心沥血"。音同义混致误。

【辨析】

呕，本读ōu，从口，区声，拟声词，表示"小儿说话的声音"。《广韵·侯韵》："呕……小儿语也。"唐代白居易《念金銮子》："况念夭化时，呕哑初学语。"其中的"呕哑"就是此义。后来也读ǒu，指"呕吐"，如"呕血""作呕""刚喝下的药，全呕出来了"等等。

"呕心"即把心呕出来，形容用心过度。典出唐代李商隐《李长吉小传》："遇有所得，即投书囊中。及暮归，太夫人使婢受囊出之。见所书多，辄曰：'是儿要当呕出心乃已尔。'""沥血"即滴血，表示竭尽忠诚。典出南朝梁萧绎《与诸藩令》："而不以富贵为荣，不以妻孥为念，沥血叩心，枕戈尝胆，其何故哉？"后世以"呕心沥血"形容费尽心思，如"他为祖国的教育事业呕心沥血"等。

怄，读òu，从心，区声，本义是"吝啬"。《玉篇·心部》："怄，吝也，惜也。"后来也读ōu，表示"逗弄""嘲笑"。如《儿女英雄传》第十四回："奴才们背地里还怄姑娘不害羞。"引申指"使人生气"，如"你别怄我""怄得人难受"等等。

"呕心沥血"写成"怄心沥血"显然讲不通。也许因为"呕心沥血"与"心力""心神"相关，故而有人把"呕"误成了从"心"的"怄"。

链接：说"沤"

经常有人把"呕心沥血"误成"怄心沥血"。此外，我们也常见到有人把这个词误成"沤心沥血。"如下例：

1. 他执掌国家队十几年，沤心沥血培养了不少世界冠军。

2. 父亲今年就要退休了，他沤心沥血数十年，为国家的教育事业作出了应有的贡献。

句中的"沤心沥血"显然都应作"呕心沥血"。那么这个"沤"字又是什么意思呢？

沤，读 òu，形声字，从水，区声。本义是指"长时间地浸泡"。《说文·水部》："沤，久渍也。"老舍《骆驼祥子》二："祥子身上没有任何累赘，除了一件灰色单军服上身，和一条蓝布军裤，都被汗沤得奇臭……"后引申指"长时间壅埋堆积浸泡而发热发酵"。如"沤肥"，即将垃圾、青草、树叶、厩肥、人粪尿、河泥等放在坑里，加水浸泡，经分解发酵制成肥料。

"沤心"即把心放在水里浸泡使之发酵，这显然不通。

涅磐（槃）

[病例] 自 1990 年以来，我团组织创作了大型话剧剧本二十多个，其中由本团排练、演出的有十多个，如《征婚启事》《赫赫军令状》《窗口的星》《青春涅磐》《商鞅》《梅花情结》等等。

【诊断】

"涅磐"应为"涅槃"。音同形似致误。

【辨析】

涅槃，读作 nièpán，梵语 nirvāṇa 的音译，过去译作"泥洹"，义为"灭度""寂灭"。或称"般涅槃"，译自 parinirvāṇa，义为"圆寂""入灭"。

"涅槃"是佛教修炼所要达到的最高境界。简单地说，是经过修炼，能够彻底地断除烦恼，断灭"生死"，入于"不生不灭"而获得的一种精神境界。《魏书·释老志》："涅槃译云灭度，或言常乐我净，明无迁谢及诸苦累也。"《涅槃经》卷四："灭诸烦恼，名为涅槃；离诸有（指生死）者，乃为涅槃。"《大乘起信论》："以无明灭故，心无有起；以无起故，境界随灭；以因缘俱灭故，心相皆尽，名得涅槃。"郭沫若的长诗《凤凰涅槃》，借用佛语"涅槃"，歌咏凤凰经过烈火的炼造而获得新生。徐迟的《火中的凤凰》同样以此作为歌咏的主题："这是一只火中的凤凰，一只新生的凤凰，它在大火之中涅槃，却又从灰烬里新生。"僧人逝世称"入灭"或"圆寂"，也称为"涅槃"。

"涅槃"是一个音译词，当初译如此，后世写如此，其"槃"从未有写作"磐"的。

链接：说"涅"道"槃"

涅，形声字，从土，从水，日声。一种矿物名，古代用作黑色染料，现在称涅石。《说文·水部》："涅，黑土在水中也。"引申指"黑色"。《广雅·释器》："涅，黑也。"再引申指"染黑"。《字汇·水部》："涅，染黑也。"有个成语叫"涅而不缁"，本质洁白的东西，用涅石染也不会变黑（缁，即黑），比喻操守坚贞，不受恶劣环境的影响。

槃，形声字，从木，般声，指古代盥浴用的木盆。《说文·木部》："槃，承槃也。"段玉裁注："承槃者，承水器也。……古之盥手者。"有学者认为，"盘"（盤）是通称，析言之，则分"槃""鋻"。商承祚《〈说文〉中之古文考》："以木为之，则从木；以金为之，则从金。"

"涅"和"槃"，现在都很少使用了，但在古代是使用频率很高的常用字，不然佛经翻译者不会选用它。佛教面向普通民众，佛教语言都是当时最通俗的用语。

一杯（抔）黄土

[病例]他最后这样感叹道：争权夺利为哪般？贫贱富贵都是过眼云烟，最终的归宿都是一杯黄土。

【诊断】

"一杯黄土"应为"一抔黄土"。形似致误。

【辨析】

抔，读 póu，形声字，从手，不声，本义是"用手捧取"。《广韵·侯韵》："抔，手掬物也。"《礼记·礼运》："污尊而抔饮。"污尊，就是凿地刨坑以作为酒器；抔饮，就是用两手捧着喝。引申为量词，相当于"捧""把"。唐代刘禹锡《平蔡州》诗："妖童擢发不足数，血污城西一抔土。""一抔土"即一捧土。赵朴初有一首《感遇一首》，是写周恩来总理的，其中有句："食草一抔，乳如江流。"意思是吃的是一把草，挤出来的是如江流之多的奶。

《史记·张释之冯唐列传》中有这样一个故事：有人偷了高帝庙中的一支玉环，汉文帝大怒，下令廷尉张释之治罪。张释之判弃市（在街头执行死刑并暴尸街头）。文帝大怒曰：此人偷了高庙器物，你竟然不判灭族，而判弃市，让我有何面目面对先帝？张释之回答：按律应当如此。况且盗取高帝宗庙中的器物判灭族，如果有愚民取走高帝墓中的一抔土，陛下将判什么罪？最后文帝依从了张释之的判处。后人便用"一抔土"作为坟墓的代称。骆宾王《代李敬业檄》："一抔之土未干，六尺之孤安在？""一抔之土"指的是唐

128

高宗的坟墓。现在此义多用"一抔黄土"。

杯,即杯子。土一般不用杯子装,所以汉语中没有"一杯土"或"一杯黄土"的说法。误"抔"为"杯"由来很久,古人也不例外。《康熙字典》注中就指出:"抔,谓手掬之。今学者读为杯勺之杯,非也。"

链接:"不"的本义

不,否定副词,大家都会认会用。不过,这是"不"字的假借义。那么,它的本义是什么?这可能并不是每个人都知道的,现简要介绍如下。

不,象形字,甲骨文作ᛘ,金文作ᛘ,篆书作ᛘ。许慎认为,上面的"一"代表天,下面是一只向天空飞翔的鸟,"不"指鸟向上飞翔的样子。《说文·不部》:"鸟飞上翔不下来也。"遗憾的是,这种说法在汉语中很难找到用例,所以后世学者多不采用。

其实,"不"字的古文字形体,象花托形,其本义指"花萼"。"不"假借作否定副词后,再造了一个"柎"字来表示"花萼"义。王国维《观堂集林》:"不者,柎也。"罗振玉也持同样观点。在古代辞书中,也能找到类似的论述。《集韵·虞韵》:"柎,……一曰花下萼。或作不。"用例也可找到。《诗经·小雅·棠棣》:"棠棣之华,鄂不韡韡。"诗句中的"不"与"鄂(萼)"同义。

"不"假借为表示否定的副词后,其本义渐失。

亲（青）睐

［病例］在面试现场，一些知识面广、思维能力强、临场反应佳的考生，尤其受到考官的亲睐。

【诊断】

"亲睐"应为"青睐"。音近义混致误。

【辨析】

青，读 qīng，金文形体上面是"生"下面是"井"，形声字，从生，井声。本义指"草木初生时的颜色"，即"绿色"。《释名·释采帛》："青，生也，象物生时色也。"后引申指"深绿色""蓝色""黑色"等。睐，读 lài，形声字，从目，来声，本义是指"瞳仁不正"。《说文·目部》："睐，目瞳子不正也。"引申指"旁视""斜视"，也引申指"望""看"。

"青睐"即"用黑眼珠眼看"，表示对人或物的喜爱或尊重。这个词语出自《世说新语·简傲》刘孝标注中引的一个故事：阮籍善为"青白眼"，即看凡夫俗子，眼睛向上，露出白眼珠，用眼白相对，看贤人雅士，则眼睛平视，露出黑眼珠，用青眼相对。做过扬州刺史的嵇喜，是嵇康的弟弟。阮籍家办丧事，他前去凭吊。阮籍看不起他，便用白眼相看。嵇喜很不高兴。嵇康知道此事后，拿着酒带着琴去拜访阮籍，阮籍把嵇康当成贤士，便用"青眼"相对。两人成了好朋友。后世便用"青眼"表示对人尊敬，用"白眼"表示对人轻视。比如冰心《我们太太的客厅》中说"对于陶先生也另加青眼"，鲁迅《哀范君》诗中则有"白眼看鸡虫"的句子。

"亲"即"亲爱""亲近"等,古今典籍中,从未见到"亲睐"一词。

链接:说"亲"

亲,繁体字作"親",形声字,从见(见),亲声。如果能经常见面,一般是关系最密切、感情最亲近的人,所以"親"的本义是"关系密切""感情深厚"。《说文·见部》:"親(亲),至也。"段玉裁注:"情意恳到曰至。"徐锴系传:"亲,密至也。"

关系密切、感情深厚,莫过于父母,所以"亲"引申指"父母"。段玉裁《说文解字注》:"亲,父母者,情之最至者也,故谓之亲。"《史记·晋世家》:"失君亡亲。"张守节正义:"亲,父母也。"也单指"父亲"。《汉书·卢绾传》:"绾亲与高祖太上皇相爱。"颜师古注引晋灼曰:"亲,父也。"还单指"母亲"。《汉书·高帝纪上》:"视亲疾。"颜师古注:"亲,谓母也。"

进一步引申指"有血缘关系或婚姻关系的人"。清代徐灏《说文解字注笺·见部》:"亲,亲爱者莫如父子、兄弟、夫妇,故谓之六亲。"《左传·昭公十四年》:"禄勋合亲。"杜预注:"亲,九族。"

再引申指"宠爱""亲近""亲爱""用嘴唇或脸、额接触(人或物),表示喜爱"等等意思。

磬（罄）竹难书

[病例] 日本的侵华战争，给中国造成了巨大的人员伤亡，使无数无辜的中国平民成为冤魂，他们的罪行真是磬竹难书！

【诊断】

"磬竹难书"应为"罄竹难书"。音同形似致误。

【辨析】

罄，读 qìng，从缶，殸声。缶，读 fǒu，古代盛酒水的瓦器。"罄"的本义是"器中无物"。《说文·缶部》："罄，器中空也。"引申指"尽""没有"。如"告罄"即财物用尽了或货物售完了，"罄尽"即毫无剩余。再引申指"用尽""全部拿出"，如"罄其所有"即把所有的东西全部拿出来。

"罄竹难书"是一个常用成语，意思是把书写用的竹简用完了，也难以写完。《旧唐书·李密传》云："罄南山之竹，书罪无穷；决东海之波，流恶难尽。"后世用"罄竹难书"形容事实很多，难以写完或说完，多指罪恶、罪行。如梁实秋《雅舍小品·旧》："旧的东西大抵可爱，唯旧病不可复发。诸如夜郎自大的脾气，奴隶制度的残余……以及罄竹难书的诸般病症，皆以早去为宜。"

磬，读 qìng，形声字，从石，殸声。它的本义指"古代的一种打击乐器"，多用石、玉制成，后也有用金属做的，悬挂在架子上。成组的叫编磬。《说文·石部》："磬，乐石也。"形状像曲尺。后来佛家一种形状像钵用铜制成的打击乐器，也称"磬"。

"罄竹难书"的"罄"，显然不能写作"磬"，否则语义扞格不通。

链接：说"磐"

由于音同形似，"罄"与"磬"常被混为一谈。"磐"与它们"长"得也有几分相像，所以也经常看到有人混用。如：

1. 他们对中国与巴基斯坦坚如磐石的国际关系，深表担忧。

2. 一定要磐其所能，争取最后的胜利。

例句1中的"坚如磐石"应为"坚如磐石"，例句2中的"磐其所能"应为"罄其所能"。那么，这个"磐"字究竟是什么字？"磐石"究竟是什么石？显然有介绍的必要。

磐，读pán，形声字，从石，般声，本义指"大石"。《玉篇·石部》："磐，大石也。"磐石，即厚大坚固的石头，常比喻稳定坚固。如高云览《小城春秋》第四章："他们两人的友谊更是跟磐石一样了。"还可比喻沉重的思想包袱。如巴金《三次画像》："他摔掉了压在头顶上整整二十二年的磐石，可以昂起头来左顾右盼，他当然感到轻松。"在古代汉语中，"磐石"还可用来比喻不毛之地。如《韩非子·显学》："磐石千里，不可谓富。"

长趋（驱）直入

[病例] 当英舰长趋直入时，他却荒谬地认为：清军大炮之所以不能击中敌舰，是因为英军有"邪术"，竟下令让士兵背着马桶去"破邪"。

【诊断】

"长趋直入"应为"长驱直入"。音同义混致误。

【辨析】

驱，读 qū，形声字，从马，区声。本义是"策马前进"。《说文·马部》："驱，马驰也。"也泛指"驱赶其他牲畜"。《天工开物·稻工》："凡牛春前力耕汗出，切忌雨点，将雨，则疾驱入室。"句中的"驱"指的是驱牛。古有"驱羊战狼"一语，意思是赶着羊去和狼交战，比喻以弱击强。引申指"奔驰"。《玉篇·马部》："驱，骤也，奔驰也。"毛泽东《渔家傲·反第二次围剿》："七百里驱十五日，……横扫千军如卷席。""七百里驱十五日"的意思就是，十五日内奔驰了七百里地。

长驱，即长距离地快速奔驰；直入，径直进入。"长驱直入"是个成语，意思是长距离行军，毫不停顿地快速前进，顺利地直达目的地。语本曹操《劳徐晃令》："吾用兵三十余年，及所闻古之善用兵者，未有长驱径入敌围者也。"《水浒传》第一百〇七回："自此，卢俊义等无南顾之忧，兵马长驱直入。"

趋，读 qū，形声字，从走，刍声，本义是"疾走"。《说文·走部》："趋，走也。"引申指"小步快走""行走"

134

等义。一般不会有"长趋"的情况，况且长距离地疾走后，多半都会很累，不会产生"直入"的效果。所以在典籍中，"长驱直入"从未见有写作"长趋直入"的。

链接：说"先驱"

笔者曾见到某报上有篇文章中有这样一句话：

众多的新文化运动先躯，如李大钊、鲁迅、胡适、周作人等，或多或少地都为中国民俗学的发展做出了贡献。

句中的"先躯"显然是"先驱"之误。古有"先驱"一词，本指前行开路。《汉书·司马相如传》："太守以下郊迎，县令负弩矢先驱。"颜师古注："先驱，导路也。"引申指"先锋""前锋"。《左传·襄公二十三年》："秋，齐侯伐卫。先驱……"杜预注："先驱，前锋军。"后泛指某一事业的先行者。鲁迅《〈艺术论〉译本序》："自此以来，蒲力汗诺夫不但本身成了伟大的思想家，并且也作了俄国的马克思主义者的先驱和觉醒了的劳动者的教师和指导者了。"

躯，躯体。"先躯"有欠通顺，也难以表示"先驱"之义。

入场卷（券）

[病例] 已有 21 名羽毛球选手取得了奥运入场卷，争金牌的项目有女子单打和女子双打。

【诊断】

"入场卷"应为"入场券"。音近形似致误。

【辨析】

券，读 quàn，形声字，从刀，关声。本义指"古代用于买卖或债务的契据"，书于简牍，常分为两半，双方各执其一，以为凭证，后用纸帛书写。《说文·刀部》："券，契也。"《战国策·齐策四》："使吏招诸民当偿者，悉来合券。"鲍彪注："凡券，取者、予者各收一，责则合验之。"引申指"凭证""证据"。严复《救亡决论》："操必然之券，责未然之效，先天不违，如土委地而已矣。"再如"稳操胜券"即有胜利的把握。再引申指"票证"，如"优惠券""入场券"等。

卷，读 juǎn，也是形声字，从卩，关声。本指"把某物弯成圆筒形"，后写作"捲"，简化字又回到"卷"。《广韵·狝韵》："卷，卷舒。"鲁迅《祝福》："一边的对联已经脱落，松松的卷了放在长桌上。"也指"卷成圆筒状的东西"，如"铺盖卷儿""花卷儿"等等。也可读 juàn，古指"书的卷轴"，今为书籍的通称。清代魏源《楚粤归舟纪游》："半年往返八千里，岂独云山入卷中。""卷中"即书卷之中。引申指"试卷""案卷"等。

可见，"入场券"是不能写成"入场卷"的。

链接：说"券"

"券"除了常与"卷"相误外，也经常见到有人把它误成"券"。比如：

1. 他看见了下面一行小字：入场券每人三千日元。

2. 郑飞的表姐在证券公司工作。

上面句子中的"券"都应该改成"券"。券，读 juàn，形声字，从力，卷省声，本义指"疲劳"。《说文·力部》："券，劳也。"后写作"倦"。段玉裁《说文解字注》："今皆作倦，盖由与契券从刀相似而避之也。"也指"止"。《集韵·线韵》："券，止也。"

熙熙嚷嚷（攘攘）

[病例]在上海静安寺背后的一条街道里，竹篾镶壁、米酒飘香的傣家村大酒楼，每天都迎来熙熙嚷嚷的食客。

【诊断】

"熙熙嚷嚷"应为"熙熙攘攘"。音近形似致误。

【辨析】

攘，本来读 ràng，形声字，从手，襄声。本义是"推让""退让"，即"让"（繁体字作"讓"）的本字。《说文·手部》："攘，推也。"段玉裁注："推手使前也。古推让字如此作。"邵瑛《说文群经正字》："此即推让之本字。"

字义被"让"取代后，"攘"改读成 rǎng，表示"停止"之义。《广韵·阳韵》："攘，止也。"引申指"排斥""排除"，如现在常用的"攘除""攘外"之"攘"就是此义。进一步引申指"抢夺""窃取"，如"攘夺政权"即抢夺窃取政权。还可指"捋起"，如"攘臂高呼"即捋起袖子露出胳膊大声呼叫（形容激愤发怒）。也可指"扰乱""纷乱"，如"扰攘"即骚乱纷乱。

"攘攘"，叠音形容词，形容纷乱。"熙熙"，和乐的样子。"熙熙攘攘"是个成语，形容人来人往，喧闹纷杂。如周而复《上海的早晨》第三部第十一章："霓虹电管的光芒像燃烧着的火焰，照着熙熙攘攘的人群，潮水一般的涌来涌去。"

嚷，读 rāng，形声字，从口，襄声。本义是"大声喊叫"，如"别嚷了""大叫大嚷"等等。引申指"吵闹"，如"怕

138

嚷啊，当初别贪小便宜呀"。还可指"责备""训斥"，如"这件事被妈妈知道了，又该嚷我了"。

"嚷"义重在"吵闹""呼叫""责备"，而"熙熙攘攘"之"攘"义重在"纷乱"，二者区别明显，不可混为一谈。况且成语词形具有稳固性，不可随意改字。

链接：释"熙"

上文介绍，"熙熙攘攘"中的"熙熙"，意思是"和乐的样子"。"熙熙"为何有这样的意思呢？这并不是所有人都知道的，所以很有必要在此再谈谈"熙"字。

熙，读 xī，形声字，从火，巸声，本义是"晒干"。《说文·火部》："熙，燥也。"王筠《说文句读》："言晒之使燥。"引申指"光明""明亮"。《玉篇·火部》："熙，光也。"再引申指"兴盛""兴起"，如"熙朝"即指兴盛的朝代。进一步引申指"和乐""欢笑"，如茅盾《子夜》四："双桥镇上依然满眼熙和太平之盛。"熙熙，是叠音形容词，表示和乐的状态。

发韧（轫）

[病例] 在后来的研究中，威廉教授看到一些更原始的壁画材料，它们证明现代舞蹈发韧于原始舞蹈。

【诊断】

"发韧"应为"发轫"。音同形似致误。

【辨析】

轫，读 rèn，形声字，从车，刃声。本义指"阻碍车轮滚动的木头"，也就是古时候的刹车装置。《说文·车部》："轫，碍车也。"徐锴《说文解字系传》说得稍详细一点："止轮之转，其物名轫。"引申指"停止""阻碍"。

发轫，即拿掉支住车轮的木头，使车前进，借指出发、起程。《楚辞·离骚》："朝发轫于苍梧兮，夕余至乎县圃。"朱熹集传："轫，揲（zhī，支撑）车木也，将行则发之。"在现代汉语中，多用来形容新事物或某种局面的开始，如"我们的爱国运动与新文学运动，是同时发轫的""中国的立宪运动大约发轫于戊戌变法时期"等等。

韧，读 rèn，形声字，从韦，刃声。本义是"柔软结实而不易折断"，如"坚韧""韧性"。《篇海类编·韦部》："韧，坚柔难断也。"后来也以"韧"比喻顽强持久的精神，如"韧劲"即指顽强持久的劲头。再如鲁迅《对于左翼作家联盟的建议》中有这样一句话："我们急于要造出大群的新的战士，但同时，在文学战线上的人还要'韧'。所谓韧，就是不要像前清做八股文的，'敲门砖'似的办法。"鲁迅先生即用"韧"表示意志坚忍不拔、顽强持久。

　　"韧"与"轫"虽然音同形似，但意义迥异，把"发轫"写作"发韧"显然是不对的。

链接：说"韦"

　　上文讲到，"韧"从"韦"，意思是"柔软结实而不易折断"。为何表示"柔软结实而不易折断"的"韧"以"韦"为义符呢？看来介绍一下"韦"字很有必要。

　　韦，读 wéi，其甲骨文象两足相背而行，所以其本义是"背离"。《说文·韦部》："韦，相背也。"后来此义写作"违"，正如清代朱骏声《说文通训定声》所说："经传多以'违'为之。"而"韦"则假借指"煮熟的皮"。《正字通·韦部》："韦，柔皮。熟曰韦，生曰革。"鲁迅《科学史教篇》中说："柔皮术亦不日竟成，制履之韦，因以不匮。"其中的"制履之韦"即制作鞋子的熟皮。

　　"熟皮"当然具有"柔软结实而不易折断"的特点，所以"韧"从"韦"。

见风驶（使）舵

[病例] 这种人绝对不可靠，他在吴佩孚部当兵的时候，就是一个见风驶舵、吹牛拍马的人。

【诊断】

"见风驶舵"应为"见风使舵"。音同义混致误。

【辨析】

使，形声字，从人，吏声。本义是"命令""派遣"。《说文·人部》："使，伶也。"桂馥《说文解字义证》："伶也者，通作令。"此义现在还常用，如"首长使通信员星夜取回了信件"。引申指"让""致使"，如"他的能力使属下佩服""这件事情使大家感到意外"。再引申指"用""使用"，如"你使锄头，我使镐头""把你的笔借给我使使"。还引申指"支配""支使""掌管"，如《文心雕龙·章表》："然恳恻者辞为心使，浮侈者情为文使。"

舵，船上控制船行方向的装置。"使舵"的意思是掌管船舵的方向。"见风使舵"是个成语，意思是看风向掌管船舵以控制船行方向，比喻跟着情势转变方向或态度。此成语语本宋代释普济《五灯会元·法云寺法秀禅师》："看风使帆，正是随波逐流；截断众流，未免依前渗漏。"

驶，形声字，从马，史声。本义是"马行疾速"。唐代慧琳《一切经音义》引《苍颉篇》："驶，马行疾也。"泛指"疾速"。如徐霞客《游天台山日记》："石壁直竖涧底，涧深流驶。"引申指"行驶"。如贺敬之《西去列车的窗口》："看飞奔的列车，已驶过古长城的垛口。"还引申指"驾驶""开动",如"汽车因故障停驶"。

"驶"不能与"舵"搭配。因为被"驾驶"的是"船"而不是"舵","舵"只能"掌管"而不能"驾驶"。所以,"见风使舵"不能写作"见风驶舵"。

链接:"见风使舵"补说

"见风使舵"是个常用成语,不管在古汉语中还是在现代汉语中,其使用频率都是非常高的。在使用过程中,这个成语出现过许多不同的词形,笔者在此略作介绍。

1. 看风行船。如清代孔尚任《桃花扇·劫宝》:"元帅,俺看这位皇帝不像享福之器,况北兵过江,人人投顺,元帅也要看风行船才好。"

2. 见风转舵。如茅盾《腐蚀》:"万一上面再传我去问话的时候,我也好见风转舵,别再那么一股死心眼儿卖傻劲。"

3. 见风使船。如《官场现形记》四十一:"这贺推仁更有一件本事,是专会见风使船,看眼色行事。"

4. 顺风使船。如《儿女英雄传》八:"我这个人虽是个多事的人,但是,凡那下马走坡、顺风使船,以至买好名儿、戴高帽儿的那些营生,我都不会做。"

5. 随风驶船。如《官场现形记》第四十三回:"守翁的话呢,固然不错,然而也要鉴貌辨色,随风驶船。"

6. 占风使帆。如《醒世姻缘传》八:"看人眉来眼去,占风使帆,到了人家,看得这位奶奶是个邪货,他便有许多巧妙领他走那邪路。"占,预测。

不过,未见到有人把"使舵"写作"驶舵"。

不饰（事）雕琢

[病例]作品本应该自然天成、不饰雕琢，作家不应模仿和因袭，但这篇散文却写得矫揉造作，有无病呻吟之感。

【诊断】

"不饰雕琢"应为"不事雕琢"。音同义混致误。

【辨析】

事，读 shì，甲骨文作 ，有人说上面象笔形，下面象手形，会意字。做官的往往是手中拿笔的知识分子，所以"事"的本义指"官职"。《说文·史部》："事，职也。"《国语·鲁语上》："卿大夫佐之，受事焉。"韦昭注："事，职事也。"

引申指"职业"。如《汉书·樊哙传》："樊哙，沛人，以屠狗为事。"此义现在也用，如"谋事"就是谋求职业。也引申指"事情"。在现代汉语中，这是"事"最基本的意义。也指"事故"，如"出事""平安无事""别没事怕事"等等。还引申指"从事""奉行"。如唐代陈子昂《感遇》诗之三十三："自言幽燕客，结发事远游。"现在人们常说的"大事宣扬""无所事事"等等，都是此义。

古有"不事"一词，本指"不侍奉"。《易·蛊》："不事王侯，高尚其事。""不事王侯"就是不侍奉王侯。后多指"不从事""不办理""不进行"。如清代梅曾亮《臣事论》："居官者有不事事之心，而以其位为寄。""不事事"即不办理事务。

"不事雕琢"就是不进行雕琢之事。

饰，读shì，形声字，从巾、从人，表示一人手拿布巾擦拭，食声，本义是"刷拭"。《说文·巾部》："饰，刷也。"《释名·释言语》："饰，拭也。物秽者，拭其上使明。"引申指"装饰""修饰"。《玉篇·食部》："饰，修饰、装饰也。"此义是现代汉语中"饰"的基本义。引申指"饰品""饰物"，如"首饰""衣饰""窗饰"等。再引申指"掩饰""伪装"，如"文过饰非""饰言"等。还引申指"扮演"，如"在《贩马记》中，张君秋饰李桂枝"。

链接：从"事"说起

在甲骨文等早期文字中，"事"与"使""史""吏"本为一字，都写作：岜，上面象笔形，下面象手形，会意字。后来分化成几个字。下面略作介绍。

吏，古代官员的通称。《说文·一部》："吏，治人者也。"史，本义指古代的文职官员。最初指王者身边担任星历、卜筮、记事的人员，如太史、内史。《说文·史部》："史，记事者也。"使，本义是"命令""派遣"。《说文·人部》："使，伶也。"桂馥《说文解字义证》："伶也者，通作令。"事，本义指"官职"。《说文·史部》："事，职也。"

有研究者从中看出这样一些信息：1. 上古社会是"以文治天下"，因为字形从手从笔，反映社会的管理者都是手中有笔的"文化人"。2. 上古社会，社会的管理机构处于原始状态，还未出现明确的部门分工，从"岜"同时兼表数义可看出。3. 上古社会的管理者，以"服从命令""忠于职守"为要义，从"岜"有"命令""职守"之义可看出。

有持（恃）无恐

[病例] 日本人有持无恐，不受法律约束，欺压当地人民，整个东北沦为日本的势力控制地区。

【诊断】

"有持无恐"应为"有恃无恐"。形似音近致误。

【辨析】

恃，读 shì，形声字，从心，寺声，本义是"依赖""依仗"。《说文·心部》："恃，赖也。"成语中有"恃才傲物"，"物"指众人，成语的意思是依赖自己的才能而骄傲自大，轻视旁人。"恃"还可作母亲的代称。《诗经·小雅·蓼莪》中有这样一句诗："无父何怙？无母何恃？"怙，读 hù，依靠，义同"恃"。后世便用"怙"代称父亲，用"恃"代称母亲。《聊斋志异·珠儿》："六岁失怙恃，不为兄嫂所容。"其中的"怙恃"即指父母。

"有恃无恐"，指因为有依靠就不害怕、没顾忌，常含贬义。老舍《四世同堂》四十五："去给英国人做事并不足以使他有恃无恐，他也不愿那么狗仗人势地有恃无恐。"

持，读 chí，形声字，从手，寺声。本义是"握住""拿住"。《说文·手部》："持，握也。"后引申指"掌握""掌管""主张""抱有（思想、见解）""治理""保持""支持""扶持""控制""要挟""挟制""携带""抗衡""对抗"等等意思。汉语中没有"有持无恐"的说法。这种说法也解释不通。

链接："有恃无恐"的出处

　　"有恃无恐"，原作"何恃无恐"，用于反问，意思是"凭仗什么不害怕"。出自《左传·僖公二十六年》："室如县（悬）罄，野无青草，何恃无恐？"后作"有恃无恐"，形容因有所依仗而胆大敢为，没有顾及。原多用于褒义。如宋代魏了翁《鹤山文集》二十七："臣愿陛下坚凝国论，而无和战之错陈；甄别人才，而无正邪之并用。持之以坚，断之以果，毋为人言所怵，嗜欲所移，则臣秉钺于外，庶乎有恃无恐。"现在多用作贬义。

　　也可作"有恃不恐"。如宋代苏轼《祭欧阳文忠公文》："君子有所恃而不恐，小人有所畏而不为。"此处用作褒义。

受（授）予奖状

［病例］在昨天召开的表彰会上，有关部门向18个先进中青年科研小组、38名中青年科研人员受予奖状。

【诊断】

"受予"应为"授予"。音同义混致误。

【辨析】

受，读 shòu，形声字，甲骨文形体作🖐，中间是舟，表示读音，上下各是一只手，表示某人用手接住另一人用手交付的某物。本义是"接受""得到"。《广雅·释诂三》："受，得也。"千古名句"满招损，谦受益"大家都熟悉，"谦受益"的意思就是谦虚可以得到好处。引申指"遭受"，如"受灾""受批评""受挫""受骗"等等。还引申指"忍受""禁受"，如"受得了""受不住"等等。也可引申指"适合"，如"受看"即适合看、看得舒服，"受听"即适合听、听着舒服，"受吃"即适合吃、吃着有味道。

"受"的甲骨文形体，既可以看成是某人用手接受另一人给予的东西，也可以看成某人用手把东西交付到另一人的手中，也许正是因为如此，"受"在古汉语中除了表示"接受"以外，还可表示"给予""付给"的意思。唐代韩愈《师说》中有句名句"师者，所以传道受业解惑也"，其中的"受"就是"授予"的意思。这样一来，"受"字就表示了意义相反的两个意思，这不符合语言表达的"清晰度"要求。为了解决这一问题，古人另造了一个"授"字来分担"受"的"给予""付给"义。《说文·手部》："授，予也。"这样"受"与"授"的分工就十分明确了，前者表示"接受"而后者表示"授予"。

在古代，"受""授"的字义区别并不是非常严格，但在现代汉语中，情况发生了根本变化，再不能以"受"代"授"或以"授"代"受"了。

"授予奖状"即把奖状颁发给某机构或某人，其中的"授"是"给予"的意思，绝不能换成"受"。

链接：有人这样释"受"

上文我们分析了"受"的甲骨文形体，上下各是一只手，表示两人用手交付某物，中间是"舟"，表示"受"的读音。也有人把这个字分析成会意兼形声，认为字形中的两只手表示用手交付，中间的"舟"除了表示读音外，还代表所交付之物。

为什么交付的东西不是金银珠宝而是"舟"呢？释者认为，这是"舟"在古代先民生活中的地位所决定的。

所有的考古发现与文献记载都说明，古人逐水而居。世界四大古文明的发源地，无一不在河川之地，中国素有"九州"之称，所谓"州"指的就是水中可供人居住的陆地。由于住在水边，先民就不得不忍受洪水的灾患。世界各地古文化中的"洪水传说"就说明了这一事实。在洪水怒涛之中，古人何以为生？"君看一叶舟，出没风波里"，一条小舟，负载起先民生存的希望。对于在滔滔洪水中求生存的先民来说，如果把舟交付给某人或接受某人交付的舟意味着什么，无须说明也可自行体会。所以，古人在造"受"字的时候，选择了"舟"表示所交付之物。

这种解释很有趣，可聊备一说。

撕（厮）杀

[病例]英勇的志愿军战士，与美军激烈撕杀了一天一夜，终于等到了援军的到来，阵地守住了。

【诊断】

"撕杀"应为"厮杀"。音同义混致误。

【辨析】

厮，读 sī，旧作"廝"，从广，斯声，本为"对服劳役者的蔑称"。《玉篇·广部》："厮，贱也。"《公羊传·宣公十二年》："厮、役、扈、养，死者数百人。"陈立疏："其实厮为贱役之通称。"我们经常在电影电视剧作品中听到的"小厮"一称，它用的就是本义。另如"厮下""厮皂""厮役""厮徒""厮佣""厮竖""厮隶"等等，皆是此义。引申指"役使"。《广雅·释诂一》："厮，使也。"

在汉语使用中，"厮"还用作"相"。张相《诗词曲语辞汇释》卷二："厮，犹相也。厮类，相类也；厮见，相见也。"主要有两种用法。一、相互。如"厮守"即相互守候，"厮打"即相互打闹，"厮说"即相互说长道短。二、表示一方对另一方有所动作。如《西厢记诸宫调》卷五："（张生低告道）姐姐言语错，休恁（nèn，这么）厮埋怨，休恁厮奚落。"句中的"厮"表示张生一方，"休恁厮埋怨"即不要埋怨我，"休恁厮奚落"即不要奚落我。"厮杀"即相杀、交战，其"厮"用的是第一义。这个词大约在宋代就出现了。《朱子语类》卷一一六："如两军厮杀，两边擂起鼓了，只得拼命前进。"

撕，也读 sī，形声字，从手，斯声。指"用手使东西（多为薄片状的）裂开或离开附着体"。如"把报纸撕成两块了""把墙上的小广告单撕下来"。"撕杀"只能理解成"撕而杀之"，就像《说唐》中第一条好汉李元霸，在战场上动不动就把对手抓过来撕成两块。不过这种情况很少见，李元霸的神通也未必可信。所以汉语中只见"厮杀"，而未见有"撕杀"一词。

链接：说"斯"

上文介绍，"斯"是"厮""撕"的声符，那"斯"又是什么意思呢？

斯，读 sī，从斤，其声。斤，即斧头。"斯"的本义是"劈开"。《广雅·释诂一》："斯，分也。"《诗经·陈风·墓门》："墓门有棘，斧以斯之。"意思是坟墓前长满了荆棘，用斧子把它分开。引申指"扯裂"，此义后作"撕"。再引申指"分散""分开""离开"等等。

也作代词，表示近指，相当于"这""这样"。《尔雅·释诂下》："斯，此也。"现在还常说的"斯人""斯时""生于斯，长于斯""以至于斯"等等，皆是此义。再如大家都熟悉的《论语·子罕》中的名言："子在川上曰：逝者如斯夫！不舍昼夜。"其"斯"也是此义。

沧海一栗（粟）

［病例］研究发现，思考时左脑用得非常少，与整个脑子相比较，发挥的作用甚至可以说是沧海一栗。

【诊断】

"沧海一栗"应为"沧海一粟"。形似致误。

【辨析】

粟，读 sù，会意字，从卤（tiáo，草木果实下垂貌），从米。古代泛指谷类。《说文·卤部》："粟，嘉谷实也。"段玉裁注："古者民食莫重于禾黍，故谓之嘉谷。谷者，百谷之总名……嘉谷之实曰粟，粟之皮曰穗，中曰米。"

后世也特称现在北方人所说的"谷子"，去皮后叫小米。还指颗粒如粟状的东西。皮肤因受冷或因恐惧而起的小疙瘩，即俗话说的鸡皮疙瘩，也可称"粟"。如鲁迅《阿Q正传》："阿Q坐了一会，皮肤有些起粟，他觉得冷了。"古代常用粮食作官员的薪水，所以"粟"还可指"俸禄"。如"富家不用买良田，书中自有千钟粟"。

"沧海一粟"，即大海里的一粒谷子，比喻人或物在无限广阔的空间中所占的比重非常小。

栗，读 lì，会意字，从木，从卤，表示木实下垂的样子。本是木名，即现在所说的板栗树，壳斗科，落叶乔木，果实坚硬，包在多刺的壳斗内，种子可食用。《说文·卤部》："栗，木也。"也指其果实，即现在所说的"板栗"，又称"栗子"。还通"慄"，表示因恐惧或寒冷而发抖，现在"慄"已作为异体字废除，径写作"栗"，如"战栗""不寒而栗"等等。"沧海一粟"写作"沧海一栗"显然意思讲不通。

链接："刘海粟"的名字

笔者经常在报刊上看到，有人把我国现代著名画家"刘海粟"误作"刘海栗"，这不能不说是一件非常遗憾的事。

刘海粟（1896-1994），江苏武进（今常州）人，原名刘季芳。1912 年与乌始光创办第一所中国专门美术学校——上海图画美术院。1919 年推行现代派画风，倡导自由研究的学术空气，被美术界誉为开风气之举。1939 年赴南洋从事抗日活动。1943 年回到上海后潜心研究传统绘画。1952年任华东艺专（现南京艺术学院）校长，后任南京艺术学院院长。

在 1912 年创办上海图画美术院前后，刘季芳改名"刘海粟"。为什么要改这样一个名字呢？据说这位艺术大师，一是嫌"季芳"一名太女性化，二是极为欣赏苏轼的《前赤壁赋》，便借其中"寄蜉蝣于天地，渺沧海之一粟"一句句意，改名为"海粟"。一表自谦，自己只不过是"沧海一粟"；二表艺海无涯，自己要毕生求索。

但愿以后见到的是"刘海粟"，而不是"刘海栗"。

追朔（溯）

[病例] 追朔历史，楼兰古城毕竟在历史上曾经也是人类生息、繁衍的乐园。

【诊断】

"追朔"应为"追溯"。形似音近致误。

【辨析】

溯，读 sù，形声字，从水，朔声，本义是"逆流而上"。《字汇·水部》："溯，逆流而上也。"王粲《七哀诗》有句："方舟溯大江，日暮愁我心。""溯大江"即沿大江逆流而上。引申指"向上推求""回想"，如"推本溯源"。再如李大钊《法俄革命之比较观》："溯诸历史，其原因在蒙古铁骑之西进。"

追溯，逆流而上向江河的源头走，比喻向前推算、探索事物的由来。也指回顾过去的人或事。

朔，读 shuò，形声字，从月，屰声，本义指一种月相名。夏历每月初一日，月球运行到太阳和地球之间，跟太阳同时出没，地球上看不到月光，这种月相叫"朔"。《说文·月部》："朔，月一日始苏也。"引申指"朔日"，即夏历每月初一日。《释名·释天》："朔，月初之名也。"也指"每月初一到初十日"。《诗·小雅·小明》："二月初吉。"毛传："初吉，朔日也。"陈奂传疏："古谓朔为吉……朔日者，谓月朔之日，不必定在始一日，自一至十皆是也。"还引申指"初始"。《广雅·释诂一》："朔，始也。"严复《国闻报馆附印说部缘起》："最朔之时，灌莽未辟，深

154

昧不可测，禽蹄鸟迹交于中国。"

在汉语中，"朔"还指"北方"。《尔雅·释训》："朔，北方也。"为什么北方称"朔"呢？清代徐灏《说文解字注笺》："日月合朔于北，故北方谓之朔方。"可备一说。

链接："月相"简介

由于月球、地球和太阳三者相对位置的改变，从地球上看，月球便有盈亏的变化。从地球上看到的月球明亮部分的各种圆缺形态叫月相。月相有几下几类。

1. 新月，农历初一日，即朔日；

2. 上蛾眉月，一般为农历的初二夜左右至初七日左右；

3. 上弦月，农历初八左右；

4. 渐盈凸月，农历初九左右至农历十四左右；

5. 满月，即望日，农历十五日夜或十六日左右；

6. 渐亏凸月，农历十六左右至农历二十三左右；

7. 下弦月，农历二十三左右；

8. 下蛾眉月，农历二十四左右至月末；

9. 晦日，农历月最后一天，不见月亮。

四种为主要月相：新月（农历初一日）、上弦月（农历初八左右）、满月（农历十五日左右）、下弦月（农历二十三左右）。它们都有确定的发生时刻，是经过精密的轨道计算得出的。

鬼鬼崇崇（祟祟）

[病例] 不知道他在干什么，鬼鬼崇崇的，吓了我一跳，这个人你们今后注意点，也许是某个单位的探子。

【诊断】

"鬼鬼崇崇"应为"鬼鬼祟祟"。形似致误。

【辨析】

祟，读 suì，会意字，从示，从出。"示"表示"鬼神"。"祟"的构字意图是"鬼神出没"。古人以为想象中的鬼神会出来害人，所以"祟"的本义指"鬼神为祸"。《说文·示部》："祟，神祸也。"清代王筠《说文句读》："谓鬼神作灾祸也。"《庄子·天道》中有句话说："一心定而王天下，其鬼不祟。""其鬼不祟"意思是鬼神不为祸。后引申指"暗中作弄或谋害人"。清代大才子纪晓岚《阅微草堂笔记·滦阳消夏录六》中有这样一句话："乌鲁木齐诸山皆多狐，然未闻有祟人者。"其中的"祟人"即作"谋害人"讲。现代汉语中常用"作祟"一词，比喻坏人或坏的思想意识捣乱，妨碍事情顺利进行，如"防止有人从中作祟"。

"鬼鬼祟祟"是一个使用频率很高的成语，形容行动或行为诡秘，偷偷摸摸，不光明正大。如《红楼梦》六十一回："林奶奶倒要审审他，这两日他往这里头跑的不像，鬼鬼祟祟的，不知干些什么事。"

崇，读 chóng，形声字，从山，宗声，本义指"山高而大"。《说文·山部》："崇，嵬（wéi，高大耸立）高也。"

后泛指"高"。如"崇高""崇山峻岭""崇论宏议"等等。引申指"尊敬""尊重",如"崇拜""崇奉""崇敬""崇洋媚外""崇本抑末""推崇备至"等等。

"鬼鬼祟祟"误成"鬼鬼崇崇",意思没法讲通。

链接:说"示"

上文说"祟"是个会意字,从"示"从"出","示"代表"鬼神","祟"字的构形意图是"鬼神出没"。然而,"示"为何表示"鬼神"呢?

《说文·示部》云:"示,天垂象,见吉凶,所以示人也。从二(古"上"字);三垂,日月星也。观乎天文以察时变。示,神事也。"意思是:"示"上面的"二"即"上",代表上帝;下面的"小"即垂悬的"三",代表"日月星"。"示"字的构形意图是,上帝把"日月星"等天文现象垂悬下来给人看,让人观天文以察时变。"示"表示神灵之事。所以"示"的本义是"天帝显现出某种现象,向人垂示祸福吉凶"。后泛指"把事物摆出来或指出来使人知道"。

这是许慎对"示"字的解释。现在,人们一般不同意这样解释"示"字。《汉语大字典》:"甲骨文字形代表地祇。《说文》为引申义。""示"是个象形字,象祭祀土地神所用"神主牌"之形。所以"示"的本义是"地神",即"地祇"。《周礼·大宗伯》:"大宗伯之职,掌建邦之天神、人鬼、地示之礼。"陆德明释文:"示,音祇,本或作祇。"陆德明即把"地示"解释作"地祇"。后"示"泛指"神灵"。汉字中,凡是从"示"(即"礻")的字一般都与"神灵"有关,如"神""祀""祈""祐""祖""祝""祭""祥"等等。"神灵"一般会通过"征兆"的方式,把吉凶祸福预示给人们,所以"示"后来又引申指"显示""表示"之义。

深邃（邃）

[病例] 葡萄架沿着起伏不平的山道延伸开去，连成了一条安宁、深邃、甜蜜、芬芳的长廊。

【诊断】

"深邃"应为"深邃"。形似致误。

【辨析】

邃，读 suì，形声字，从穴，遂声。可能在古人的观念中，洞穴一般有幽深的特点，所以"邃"的本义是"深远"。《说文·穴部》："邃，深远也。"这一直是古今汉语中的基本义。引申指"精深"。清代王韬《湖山仙翁诗集序》："理精而学邃。""学邃"即学问精深。

"深邃"是个常用词，主要有三义。一、幽深。丁玲《三日杂记》："我猜想在那看不见底的，黑洞的，深邃的林子里，该不知藏有多少种会使我吃惊的野兽。"二、深奥。徐迟《哥德巴赫猜想》："在深邃的数学领域里，既散魂而荡目，迷不知其所之。"三、深沉。秦牧《深情注视壁上人》："朱老总浓眉广额，脸上，特别是嘴角皱纹很深，目光冷静深邃，显得安详而又机智。"上述例句中，显然用的是第一义。

邃，读 jù，形声字，从辵，遽声。本义指古代驿站的车或马。《说文·辵部》："邃，传也。"《左传·僖公三十三年》："郑商人弦高，将市于周，遇之……且使邃告于郑。"杜预注："邃，传车。"孔颖达疏引孙炎曰："传车，驿马也。"也许因为驿站的车、马一般速度很快的原因，"邃"引申指"疾速"。《玉篇·辵部》："邃，疾也。"

再引申指"匆忙""窘迫""恐惧"等义。

链接：说"驿"

驿，也称驿站、邮驿，是古代供传递公文的人或来往官员途中食宿、换马的场所。

据研究，周朝设烽火台，并置有驿站供传递军报所用。汉朝每三十里置驿，由太尉执掌。

唐朝邮驿遍于全国，分陆驿、水驿、水陆驿三种。全国有近两千个驿站，驿务人员共两万多人。天宝年间安禄山在范阳（今北京）起兵，六日后消息即传至京城（今西安），两地路程三千余里，可见邮驿传递讯息之迅速。

宋朝驿务人员由兵卒担任，规模不如唐朝。元朝疆域辽阔，强化了驿站制度。《马可波罗行记》记载："所有通至各省之要道上，每隔二十五迈耳（mile，英里），或三十迈耳，必有一驿。无人居之地，全无道路可通，此类驿站，亦必设立。……合全国驿站计之，备马有三十万匹……驿站大房有一万余所，皆设备妍丽，其华靡情形，使人难以笔述也。"

明代在主要道路上均设置了驿站，此外还设有递运所。递运所是专门从事货物运输的组织。清朝设驿亦近两千处。军机处公文如注明"马上飞递"，则要求传驿日行三百里。如遇紧急情况，要求日行四百里、五百里甚至六百里，据说最快速度达八百里。所以有"六百里加急""八百里加急"之称。

锁（琐）碎

［病例］从与用户谈判、签订单、发货，到收款、调试、安装甚至维修，这些锁碎的事务，我整整做了三年。

【诊断】

"锁碎"应为"琐碎"。音同形似致误。

【辨析】

琐，读 suǒ，形声字，从玉，肖声。本义指"玉件相击发出的细碎声音"。《说文·玉部》："琐，玉声也。"引申指"细碎"，如"繁琐""琐事""琐闻"等词中的"琐"，皆是此义。鲁迅《关于小说题材的通信》中有这样一句话："不过选材要严，开掘要深，不可将一点琐屑的没有意思的事故，便填成一篇，以创作丰富自乐。"还可引申指"对细小的事情感到麻烦、气恼"。如《红楼梦》第六十八回："那里为这点子小事去烦琐他？"

琐碎，即细小而烦琐。如"赶快摆脱这些琐碎的事情，多抓些大问题"。

锁，读 suǒ，形声字，从金，肖声。本义指安在门窗、器物等开合处或连接处，使人不能随便打开的金属器具，要用钥匙、密码、磁卡等才能打开。引申指用锁把门窗、器物等的开合处关住或拴住，如"锁门""把箱子锁上"等。人们常说的"双眉深锁""愁眉锁眼"等词中的"锁"也是此义。形状像锁的东西，也称"锁"，如"金锁""石锁"等。

"锁"没有"细碎"之义，"琐碎"不能写作"锁碎"。

链接：说"锁"

锁的历史是非常悠久的。据学者研究，母系氏族社会晚期，随着私有制的产生，人们为了保护财产，用兽皮包紧后，用绳索捆绑打结。打开时用一根用兽骨制成的针，一层层地挑，这就是最原始的锁。

距今 5000 年前的仰韶文化遗址中，曾发现过早期的木质锁。周朝时已有关于木质锁的文字记载。在春秋战国之际，鲁班对木锁进行了改进。在中国民间，木锁一直沿用到明清时期。

汉朝时出现了俗称三簧锁的铜质簧片锁。保密性和安全性得到了加强。三簧锁在唐代以后得到不断改进和完善，出现了一百多种款式，还采用了暗门、定向、二开、无钥、文字密码等技术，使锁的开启难度进一步加大。三簧锁在中国一直沿用到 20 世纪 50 年代。

上个世纪，我们引进了外国的叶片锁、凸轮转片锁、弹子结构锁等，保密性得到进一步提高。随着现代技术的发展，形形色色的锁不断涌现。20 世纪 70 年代，英国研制出磁性锁，奥地利设计出磁性编码锁。如今，一些国家陆续研制出电子卡片锁、电子遥控锁、光控锁、指纹锁等等，甚至生物技术也运用到制锁行业中。

纷至杳（沓）来

[病例] 大唐盛世，是中国史上的精彩华章，各国贵宾纷至杳来，为的是看一看东方泱泱大国的风采。

【诊断】

"纷至杳来"应为"纷至沓来"。形似致误。

【辨析】

沓，读 tà，会意字，从水，从曰。本义指"话多"，意思是说的话多得像流个不停的水一样。古汉语中，"沓"还可重叠组成"沓沓"一词，表示"语多貌"。《说文·曰部》："沓，语多沓沓也。"《庄子·田子方》："适矢复沓。"郭庆藩集释："沓，多言沓沓，如水之流。"

引申指"重叠"。《玉篇·曰部》："沓，重叠也。"再引申指"繁杂""纷乱"。《楚辞·天问》："天何所沓。"蒋骥注："沓，杂也。"现代汉语中，还经常使用的"重沓""拖沓""杂沓"等词语，其中的"沓"均是"繁杂""纷乱"之义。

"纷至沓来"是个成语，形容接连不断地到来。其中的"沓"即"繁杂"，与"纷"意思相近。依句意，上述例句中说的正是"纷至沓来"。

杳，读 yǎo，会意字，从日在木下，本义是"幽暗""幽深"。《说文·木部》："杳，冥也。"引申指"深远""高远"。《文选·扬雄〈甘泉赋〉》："杳旭卉兮。"李善注："杳，深远也"，《汉书·扬雄传》颜师古注："杳，高远也。"进一步引申指"遥远得看不见踪影"。段玉裁《说文解字注》:"杳,引申为凡不见之称。""杳渺""杳然""杳无音讯""杳无踪迹"等词语中的"杳",用的就是此义。

沓的上面是水,杳的上面是木,二者很相似;沓的下面是曰,杳的下面是日,二者更相似。稍不留意,就会把这两个字混为一谈。

链接:"杳如黄鹤"的出典

在书报刊中,我们经常见到一个成语:杳如黄鹤。如:

1.警方接到报案,立马赶到现场,但匪徒早已杳如黄鹤,不见踪影了。

2.这间房子已经多年没有人住了,房主早就杳如黄鹤,无人知其去向。

"杳如黄鹤"是个典故性成语,语本南朝梁任昉《述异记》中的一个故事:一位叫荀瓌(guī)的人,曾游览武昌,到黄鹤楼上休息。向西南方向望去,见有一物飘然从云端降下,一瞬间就到了跟前,原来是一人驾着仙鹤而来。鹤立门旁,来客入席与荀瓌对饮。过后来客告辞,驾鹤而去,消失得无影无踪。唐代崔颢《黄鹤楼》诗用了此典:"昔人已乘黄鹤去,此地空余黄鹤楼;黄鹤一去不复返,白云千载空悠悠。"后世便用"杳如黄鹤",比喻人或物一去不返,下落不明。其中的"杳",就是"遥远得看不见踪影"的意思。

如火如荼（茶）

[病例]浓烟散去时，人们发现小鸡相拥在母鸡的翅膀下，毫发未损。如火如茶的"母爱"，让所有在场的人无不为之动容。

【诊断】

"如火如茶"应为"如火如荼"。形似致误。

【辨析】

荼，读 tú，形声字，从草，余声。本义是指"苦菜"，菊科苦苣菜属和莴苣属的植物。《尔雅·释草》："荼，苦菜。"邢昺疏："叶似苦苣而细，断之有白汁。……堪食，但苦耳。"由于味苦，荼故引申指"苦""痛苦""害"等义。如"荼苦"比喻艰苦、苦楚，"荼酷"比喻惨重的苦难，"荼毒"比喻悲痛或毒害、残害。

在古汉语中，"荼"还指茅草、芦苇等的白花，引申指"白"。如火如荼，像火那样红，像荼那样白，现在用来形容旺盛、热烈或激烈。如茅盾《清明前后》："她跟着学校撤到武汉，就卷入了那时候如火如荼的抗敌高潮。"

茶，读 chá，本指茶树。山茶科，我国长江流域及其以南地区广泛栽培，嫩叶加工后就是茶叶。用茶叶沏成的饮料，也称"茶"，如"喝茶""茶点"等。大约在唐以前，"茶"写作"荼"。清代顾炎武《日知录·荼》："荼字自中唐以后始变作茶。"在现代汉语中，如把"荼"写成"茶"，则是个别字。

仅仅在表示"茶树""茶叶"时，古汉语中曾"荼""茶"

相通，其他场合则不能相替代。所以"如火如荼"写作"如火如茶"，无论怎样都是错误的。

链接："如火如荼"补说

"如火如荼"原作"如荼如火"，语本《国语·吴语》中一段描述军容的话："万人以为方阵，皆白裳、白旗、素甲、白羽之矰，望之如荼。……左军亦如之，皆赤裳、赤旟、丹甲、朱羽之矰，望之如火。"句中"望之如荼"即放眼望去像荼一样白，"望之如火"即放眼望去像火一样红，后世从中提炼出"如荼如火"一词，形容军容盛大。如清代查慎行《人日武陵西郊阅武二首》（二）："如荼如火望中分，鼓角铙钲一路闻。"

大约从清代开始，人们用"如火如荼"形容旺盛、热烈，多指气氛、气势。清代箇中生《吴门画舫续录·内篇·王芷香》："芷香能唱大净老生诸阔口，饮兴颇豪，故桃叶临波，移船相近者，几于如火如荼矣。"这个词有时也省作"荼火"。如清代毛祥麟《墨余录·驰马赌胜》："（雨仓氏云）叙事写景，皆有荼火之观。"

迁徙（徙）

[病例] 南北朝时期，人口大量向南迁徙，北方世族纷纷来到江浙一带，为江南的文化繁荣创造了条件。

【诊断】

"迁徙"应为"迁徙"。形似致误。

【辨析】

徙，读 xǐ，形声字，从辵，止声。辵，读 chuò，急走。"徙"的本义是"迁移"。《周礼·地官·比长》："徙于国中及郊，则从而授之。"郑玄注："徙，谓不便其居也。或国中之民出徙郊，或郊民入徙国中，皆从而付所处之吏，明无罪恶。"其中的"徙"作"迁徙"解。

引申指"夺取"。《国语·吴语》："焚其姑苏，徙其大舟。""徙其大舟"即夺取大船。也引申指"调职"。宋代王安石《上仁宗皇帝言事疏》："则皋陶、稷、契，皆终身一官而不徙。"意思是上古时代的陶、稷、契三位贤人，一生没有调过职。进一步引申指"贬谪""流放"。唐代韩愈《顺宗实录四》："有薛约者……狂躁以言事得罪，将徙连州。"说的是有位叫薛约的人，狂妄暴躁胡乱评点时事触犯法律，而贬官到连州。

迁徙，是个常用词语，意思即"迁移"。如"人口迁徙""候鸟随气候变化而迁徙"等等。

徒，读 tú，从辵，土声。本义是"步行"。《说文·辵部》："徒，步行也。"引申指"步兵"。《孙子·行军》："尘高而锐者，车来也；卑而广者，徒来也。"意思是可以根据卷起的烟尘判断军情：尘烟高高竖起如尖刀刺空，就是战车驰来；如果尘烟很低并平铺在地上，就是步兵来了。古代贵族、官人一般是"出有车"的，而官府中的杂役则只能靠步行了，所以"徒"后来又引申指"官府中的杂役"，并进一步引申指"服徭役的犯人"。《史记·高祖本纪》："高祖以亭长为县送徒郦山，徒多道亡。"意思是汉高祖做亭长的时候，曾为县里送服徭役的人到郦山，但许多人在路途中逃走了。再引申指"徒众"，常含贬义，如"酒徒""赌徒""不法之徒"等等。还引申指"弟子"，如"门徒""学徒""尊师爱徒"等等。后来信仰某种宗教的人，也称"徒"，如"教徒""僧徒""信徒"等等。

链接："徒"字补说

在古代社会，凡是称得上"徒"的人，其社会地位都不高，一般不可能占有大量的社会财富，有些"徒"甚至还可能"一无所有"。"徒"故而又借来表示"空的"，如"徒手"意思即空手。再由此引申表示"除此之外，没有别的"，如"家徒四壁"即家里除了四堵墙以外什么都没有。进一步引申作"白白的"，如"徒然""徒劳"等等。

纯洁无暇（瑕）

［病例］白色代表纯洁无暇，红色代表热情奔放，绿色代表健康希望，蓝色代表宁静安祥。

【诊断】

"洁白无暇"应为"洁白无瑕"。音同形似致误。

【辨析】

瑕，读 xiá，形声字，从王，叚声，本义是"带红色的玉"。《说文·玉部》："瑕，玉小赤也。"后引申指"玉的暗斑""玉的疵点"。《广韵·麻韵》："瑕，玉病也。"再引申指"缺点""过错"。在现代汉语中，"瑕"的使用频率很高，构词能力也很强。如"瑕疵"即指微小的缺点；"瑕玷"指污点、毛病；"白璧微瑕"指洁白的璧玉上有些小斑点，比喻很好的人或事物有些小缺点；等等。

"瑕"经常和"瑜"配合起来使用。瑜，读 yú，也是形声字，从玉，俞声，本义是"美玉"。《说文·玉部》："瑜，……美玉也。"后引申指"美好""优点"。"瑕不掩瑜"比喻缺点掩盖不了优点，优点是主要的，缺点是次要的。"瑕瑜互现"比喻有缺点也有优点。

洁白无瑕，形容非常白，没有被其他颜色污染过，就像美玉上一点瑕疵也没有一样。

暇，读 xiá，形声字，从日，叚声，本义指"空闲"。《说文·日部》："暇，闲也。"如"无暇过问"即没有空闲的时间过问某事，"无暇顾及"即没有空闲的时间照顾到、注意到。引申指"从容""悠闲"，如"好整以暇"即虽然在百忙之中仍然从容不迫。

链接：说"遐"

在汉语中，除了"瑕""暇"常被混用外，"遐"也很容易与之纠缠不清。请看下面两个句子：

1. 这件事情引起了他无限的瑕思。

2. 他在咱们村里，称得上是暇迩闻名。

例句1中的"瑕思"应是"遐思"之误，例句2中的"暇迩"应作"遐迩"。

遐，读 xiá，形声字，从辵，叚声，本义是"远方""远处"。《尔雅·释诂上》："遐，远也。"引申指"距离远"。再引申指"时间久远""时间长久"。现代汉语中，"遐"常用在以下词语中：

遐想，悠远地思索或想象。

遐迩，远处与近处。

遐思，即遐想。

遐龄，高龄。

端祥（详）

[病例] 她穿好衣服，站在衣柜前，端祥着镜子中的自己，满意地微笑着。

【诊断】

"端祥"应为"端详"。音同形似致误。

【辨析】

详，读 xiáng，形声字，从言，羊声，本义是"审查""审理"。《说文·言部》："详，审议也。"为什么本义是"审查""审理"的"详"字以"言"作为义符呢？也许是因为审查疑犯、审理案件时多用言语审问的方式吧。在"审查"某人或"审理"某案的时候，是一定要仔细、周到的，故而"详"引申指"细密""完备"等义。如"详尽""详备""详情""详细""详谈""周详"等词中的"详"就是此义。再引申指"清楚地知道"，如"未详""不详"等等。还引申指"说明""细说"，如"内详""面详""耳熟能详"等等。凡是"仔细""周详"的人，他的态度一定是"稳重"的，做起事来往往也从容不迫，所以"详"也可引申指"稳重""从容"，如"安详"。

端，也是个形声字，从立，耑声，本义是指站得直、站得正。《说文·立部》："端，直也。"引申指"正"，如"端正"。再引申指"平举着拿"，如"端饭上菜"。"端"还可指"事物的一头或一个方面"，如"举其一端"。再引申指"顶端""开头"等等，如"笔端""开端"。在汉语中，"端"还可指"审"，义同"详"，即"审查"。《古今韵会举要·寒韵》引《增韵》："端，审也。"再引申指"仔细"。

"端"与"详"两字都有"仔细"的意思，所以"端详"是由两个同义语素构成的并列式双音节合成词，本义是"仔细慎重"。后引申指"细看""打量"。

祥，读xiáng，形声字，从示，羊声。本义是"幸福"。《说文·示部》："祥，福也。"引申指"吉利"，如"祥和""祥瑞""吉祥""和气致祥""龙凤呈祥""遇难成祥"等等词语中的"祥"均是此义。

"端祥"讲不通，汉语中没有这个词。

链接：此"不祥"不是彼"不祥"

《后汉书·桓彬传》中有这样一句话："会母终，麟不胜丧，未祥而卒，年四十一。"笔者曾见一篇谈"孝道"的文章引了此语，并把它翻译成现代汉语："东汉时的桓麟是个大孝子，其母亲去世后，他非常悲痛，不祥的是，桓麟竟然悲不胜悲死了，年仅四十一岁。"文章显然把句中的"不祥"理解成"不吉祥"了，这显然是不对的。

其实，此句中的"祥"是古代的一种祭名。父母去世后的一种祭祀仪式，称"祥"，有"小祥""大祥"之分。父母去世一周年后举行的祭礼叫"小祥"，去世两周年后举行的祭礼，叫"大祥"。《仪礼·士虞礼》："期而小祥……又期而大祥。"据古籍记载："小祥"祭后，孝子才可以吃菜吃水果，此前只能饮水吃粗食。"大祥"祭后，饭食中才可以添加酱、醋等调味品。

上述句子的意思是：在其母亲去世后，"小祥"祭还没有举行，桓麟就悲痛地去世了。

歪风斜（邪）气

[病例] 在工作中，李春鸿发现，小张为人正直，作风正派，敢斗歪风斜气，是棵值得培养的好苗子。

【诊断】

"歪风斜气"应为"歪风邪气"。音同义混致误。

【辨析】

邪，本读 yá，形声字，从邑，牙声。本是一个地名用字，指古代的"琅邪"，治所在今山东省胶南县琅邪台西北。

后借来表示"不正"，读 xié。《广韵·麻韵》："邪，不正也。"《新书·道术》中有更具体的解释："方直不曲谓之正，反正为邪。"引申指某人或某事"不正当""邪恶"。如"邪说"即某人有严重危害性的不正当的议论，"邪教"指冒用气功、宗教等名义危害社会秩序、侵犯人权的非法组织，"邪魔"指有危害性的妖魔，"邪道"指不正当的生活道路、生活方式。"邪气"是汉语中的常用词，指不正当的风气。

斜，读 xié，形声字，从斗，余声。本义是指从酒器中"舀出"酒或把酒器中的酒"倾出"。《说文·斗部》："斜，抒（本义是'舀出'）也。"章炳麟在《新方言·释言》中也说到这个字："今浙江谓自壶中注酒抒之他器曰斜酒。"在今江苏的一些地方，同样有"斜酒"的说法。

众所周知，从酒器中舀酒或把酒从酒器中倾出，都有把酒器稍稍倾斜的动作，所以"斜"后引申指某物跟水平面或垂直线既不平行也不垂直,如"斜面""斜坡""斜拉桥""斜阳"等等。

"邪""斜"的基本意义都是"不正",但侧重点明显不同。"邪"是主观道德评价上的"不正","斜"是客观物理描述上的"不正"。"邪气"是不正当的风气,会对社会或他人带来危害,是一种道德评价,故用"邪"。如果写成"斜气",表示的意思就是"跟地面不平行也不垂直的气体",即"倾斜的气体",是客观的物理上的描述。

链接:"邪魔外道"略说

"邪魔"即妖魔;"外道"即佛教徒所称的本教以外的宗教或思想。"邪魔外道"原为佛教用语,指妨害正道(菩提)的妖魔及教派。《药师经》:"又信世间邪魔外道、妖孽之师,妄说祸福,便生恐动,心不自正。"

后引申为"妖精鬼怪"。如无名氏《神奴儿》第四折:"你将金钱银纸快安排,邪魔外道当拦住,只把那屈死的冤魂放过来。"还喻指"异端邪说"或不属正路的东西。如清吴敬梓《儒林外史》第十一回:"若是八股文章欠讲究,任你做出什么来,都是野狐禅,邪魔外道。"

反醒（省）

[病例]健康人格的形成，少不了外在的影响与主体实践，更少不了主体的自我反醒与修炼。

【诊断】

"反醒"应为"反省"。音同致误。

【辨析】

省，读 xǐng，甲骨文作 𥄉，象察看时目光四射之形，本义是"察看"。《说文·眉部》："省，视也。"现在人们还常用的"省察""省视"等词中的"省"就是此义。引申指"看望（长辈）"。如"省亲"即探望父母或其他尊长；"归省"即回家探望父母；"昏定晨省"即晚上安排卧具服侍父母就寝，早晨向父母问安。也引申指"检查"，《论语·学而》中"吾日三省吾身"，意思就是我每天多次检查自己的思想行为，看是否有过错。现在人们经常说的"内省"，即在心里进行自我检查。还可进一步引申指"明白""觉悟"，如"发人深省""不省人事"等等。

在古汉语中，"省"还可假借指"皇宫禁署""禁中"，读 shěng。进一步用作"行政区划名"，如"中书省""行省"等。现代的"湖北省""河南省""浙江省""江苏省"等等"省"，即来源于此。此"省"还可表示"减少""节约"等意思。

醒，读 xǐng，形声字，从酉（酒器），星声。本义是"酒醉后恢复常态"。《说文解字》新附："醒，醉解也。"鲁迅《阿Q正传》："（阿Q）回到土谷祠，酒已经醒透了。"

引申指"睡眠状态结束或尚未入睡",如"一觉醒来""从梦中惊醒""一直醒着"等。也引申指"由昏迷变为清醒",如"昏迷不醒""苏醒"等。进一步引申指"觉悟""明白",如"醒悟""觉醒"等。

"反省"意思是检查自己的思想行为,其"省"是"检查"之义,写作"醒悟"之"醒",显然有欠通顺。

链接:释"酉"

酉,读 yǒu,象形字,象盛酒所用的壶尊之形。本义即"酒器"。郭沫若《甲骨文字研究》:"此字篆形与古文尚无大别,甲骨变体颇多,然大体……乃壶尊之象也。""酒"也可称为"酉"。《六书正伪·酉韵》:"酉,古酒字。"《甲骨文字研究》也说:"古金及卜辞每多假以为酒字。"

由于"酉"指"酒器"或"酒",所以以"酉"为义符的字,一般与"酒"有关。试举数例如下:

酌,斟酒劝饮。《说文·酉部》:"酌,盛酒行觞也。"

配,用不同的酒配制而成的颜色。《说文·酉部》:"配,酒色也。"

酖,饮酒的快乐兴致。《说文·酉部》:"酖,酒乐也。"

酬,主人给客人劝酒、敬酒。《说文·酉部》:"酬,主人进客也。"

酷,酒味浓厚。《说文·酉部》:"酷,酒厚味也。"

醉,饮酒适量。《说文·酉部》:"醉,卒也。卒其度量,不至于乱也。"

渲（宣）泄

[病例] 大雨下了整整一个月，整个江汉平原变成一片泽国，由于雨水无法渲泄，造成了严重的内涝灾害。

【诊断】

"渲泄"应为"宣泄"。音近义混致误。

【辨析】

宣，读 xuān，形声字，从宀，亘声。宣本是古代天子居住的宫室名，即"宣室"。《说文·宀部》："宣，天子宣室也。"天子居住的宫室为什么称"宣室"呢？段玉裁《说文解字注》解释说："盖礼家相传古语。"段玉裁的意思是："宣室"是古语，是"礼家"传下来的。根据文献可知，"宣室"其实最早是商末暴君纣王的宫室名，后来泛指天子的宫室。《淮南子·本经训》中有这样一段话："武王甲卒三千，破纣王牧野，杀之于宣室。"高诱注："宣室，殷宫名。"

天子的宫室相对于平民百姓的房子，当然要"大"许多，要"广"许多，所以"宣"后来引申指"大""广"。汉代《易林·井之恒》中有"方喙宣口"一语，"宣口"即现在所说的"大嘴巴"。再引申指"普遍""周遍"。《管子·小匡》中有这样一句话："宣问其乡里而有考验。"尹知章注释说："宣，遍也。遍问其乡里之人。"

大家都知道"宣传"一词，"宣"是什么意思呢？其意思是"遍""大""广"。所谓"宣传"即发布、传播信息，使之产生"大""广"的效果。由此"宣"进一步引申指"传播""散布""说出"之义。如"宣布""宣告""宣言""宣判""心照不宣""宣誓"等等。再引申指"疏通""疏散""释放"等义。

"宣泄"是由两个同义语素构成的合成词，本指"泄露"。如"事属机密，不得宣泄"。引申指"疏散"，如"宣泄心中的愤懑"。还可指"排泄"，如"此处地势低洼，雨水无法宣泄"。

渲，读 xuàn，形声字，从水，宣声。此字不单用，一般只用在"渲染"一词中，指中国画中的一种技法，即以水墨或淡彩涂染画面，以烘托图像，增强艺术效果。后来"渲染"也指文艺创作中的一种表现手法，即对所写的对象作突出的描写、形容、烘托。现在还用以指"夸张地形容"。如："一件小事，用不着这样的渲染。""渲"与"泄"没有意义上的关联，"渲泄"不成词。

链接："渲染"补说

"渲染"是中国画技法中的辅助性用笔。

所谓"渲"，即略施水墨，在画纸上用笔均匀地擦。宋代郭熙《林泉高致·画诀》："擦以水墨，再三而淋之，谓之渲。"所谓"染"，即用大面积的湿笔在所画形象的外围着色或着墨，以烘托画面形象。

"渲染"是绘画的一道工序，作"统一画面"之用。待墨线干后，用"渲染"之法突出图像的明暗，使之产生"阴阳向背"的效果，让整幅画呈现出"和谐"之美。此法常用在人物肖像画中。明杨慎《艺林伐山·浮渲梳头》："画家以墨饰美人鬓发，谓之渲染。"

寒喧（暄）

[病例] 如果独自前行，没有寒喧声，没有加油声，没有喝彩声，心中难免有失落之感。

【诊断】

"寒喧"应为"寒暄"。音同形似致误。

【辨析】

暄，读 xuān，形声字，从日，宣声，本义是"温暖"。《广韵·元韵》："暄，温也。"《金瓶梅词话》第八十九回："一年四季，无过春天最好景致……天色暖谓之暄，天色寒谓之料峭。"

"寒暄"一词最早见于汉代荀悦《申鉴·俗嫌》一文中："故喜怒哀乐，思虑必得其中，所以养神也；寒暄虚盈，消息必得其中，所以养体也。"其中的"寒暄"指的是"冷暖"。后来"寒暄"用作见面时问候起居冷暖的应酬话，如"寒暄过后，双方转入了正题"。鲁迅《祝福》："他比先前并没有什么大改变，单是老了些，但也还未留胡子，一见面是寒暄，寒暄之后说我'胖了'，说我'胖了'之后即大骂其新党。"再如巴金《随想录·怀念老舍同志》："过一会中岛先生也来了，看见老舍便亲切地握手，寒暄。中岛先生的眼睛突然发亮，那种意外的喜悦连在旁边的我也能体会到。"

喧，读 xuān，形声字，从口，宣声，本义是"惊呼"。"喧"也写作"吅"。《集韵·元韵》："吅，《说文》'惊呼'也。亦作喧。"引申指"声音大而嘈杂"。《玉篇·口部》："喧，大语也。""喧哗""喧嚣""锣鼓喧天"等等词语中的"喧"

即此义。"喧"不能与"寒"搭配成词。

链接:"宣宾夺主"?

曾在某报上见到这样一个句子:

端午节后来成为纪念屈原的日子,古老的节日从而增添了新的文化内涵,甚至宣宾夺主,掩盖了它的本来面目。

句中的"宣宾夺主"无疑应作"喧宾夺主"。

"喧宾夺主"是个成语,意思是:客人的声音很大,盖过了主人的声音,比喻客人占了主人的地位,也比喻外来的、次要的事物占据了原有的、主要的事物的地位。如郭沫若《我的童年》:"这黄角树每每爱寄生在别的大树上,因为发育的迅速,不两年便要闹到喧宾夺主的地位,把那原有的大木形成为自己身上的寄生树一样。"

此成语也可写作"喧客夺主"。如清赵翼《廿二史札记·宋齐书带叙法》:"至若《刘义庆传》……遂觉一传中(刘)义庆事转少,鲍照事转多,此未免喧客夺主矣。"还可省作"喧夺"。如清李慈铭《越缦堂读书记·苏诗补注》:"然冯注征引太繁,往往喧夺,不如此本简核谨要。"但从未见到有"宣宾夺主"的写法。

"喧"即声音大,如果换成"宣",成语的意思就不通了。

弦（旋）律

[病例]《同一首歌》的弦律，一直在我们的耳边回荡着："同样的感受给了我们同样的渴望，同样的欢乐给了我们同一首歌……"

【诊断】

"弦律"应为"旋律"。音近义混致误。

【辨析】

旋，读xuán，会意字，从㫃（yǎn，旌旗飞扬貌），从疋（shū，脚）。本义是"转动""旋转"。《说文·㫃部》："旋，周旋。"为什么从"㫃"从"疋"的"旋"字的本义是"周旋"呢？徐锴《说文系传》解释说："王秉白旄以麾以进之也。疋者足也，故㫃疋为旋，人足随旌旗也。"徐锴的意思是：国王手持白旗以指挥军队进退，士兵的脚随着国王手中挥动的旗帜而转动，所以本义是"回转"的"旋"从"㫃"从"疋"。现在人们还常用的"天旋地转""盘旋""旋绕"等词，用的都是"旋"的本义。

引申指"返回""归来"。《广雅·释诂四》："旋，还也。"如"旋里"即回到故里，"凯旋"即胜利归来。

"旋律"是一个音乐术语，指经过艺术加工而形成的若干乐音的有组织、有节奏的和谐运动，它是音乐的基本要素，乐曲的思想、感情、风格都由它来表现。简言之，"旋律"是由若干乐音形成的有组织、有节奏的和谐运动。理解音乐的人都知道，这种运动，说到底是若干乐音有节奏、有组织的"回旋""反复"运动。这就是"旋律"必须写作"旋律"的原因。

弦，读 xián，本义是"弓弦"，即紧绷在弓背两端之间用来弹射箭矢的绳线。《说文·弦部》："弦，弓弦也。"也指张于乐器上以发音的丝线或金属丝。如"古筝有二十一根弦""琴弦"等等。以弦作发音体的乐器，称"弦乐器"，如"管弦齐鸣"即管乐器、弦乐器齐声演奏。也许正因为"弦"与音乐也有关联，所以才有人把"旋律"误成了"弦律"。殊不知，"弦"最多只能代表"弦乐"，不能涵括所有的"旋律"。如果以"弦律"代替"旋律"，那么"管乐""打击乐"等一定不会答应。

链接："弦乐器"简介

弦乐器是以弦振动来发音的乐器的总称。它是乐器家族内的一个重要分支，在古典音乐乃至现代轻音乐中，几乎所有的抒情旋律都由弦乐来演奏。柔美、动听是弦乐器的特征。

依发声方法，弦乐器可分为下列三种类型：

1.击弦乐器，又称打弦乐器。用槌敲弦发声，如钢琴、扬琴等。

2.弹拨乐器，又称拨弦乐器。通过拨弦产生振动而发声，如竖琴、吉他、古筝、琵琶等。

3.弓弦乐器，又称擦弦乐器。用弓擦弦而发声，如小提琴、大提琴、二胡等。

循（徇）私舞弊

[病例] 在案件的审理中，他循私舞弊，竟为一个抢劫犯开脱罪责，引起了极大的民愤。

【诊断】

"循私舞弊"应为"徇私舞弊"。音近义混所致。

【辨析】

徇，读 xùn，形声字，从彳（chì，小步行走），旬声。本义是"巡视""巡行"。《广雅·释言》："徇，巡也。"《汉书·食货志》："振木铎徇于路，以采诗。"木铎，古代宣布政教法令用的大铃。这句话的意思是：摇着木铎在路上巡行，来采集民间歌诗。引申指"当众宣布政令"。《左传·桓公十三年》杜预注："徇，宣令也。"再引申指"使"。《集韵·谆韵》："徇，使也。"进一步引申指"曲从"。"徇私"即曲从于私情，为了私情做违法的事情。

"舞"即"做""摆弄"。"徇私舞弊"的意思是，为了私情弄虚作假。郁达夫《出奔》："徇私舞弊，不是我们革命的人所应作的事情。"

循，读 xún，形声字，从彳，盾声，本义是"顺着""沿着"。《说文·彳部》："循，行顺也。"《字汇·彳部》："循，顺也，沿也。"引申指"依从""按照"。如"循名责实"，即依照事物的名称来考核（责）实际内容，要求名副其实。再如"循序渐进"，即按照次序逐步前进，多指学习、工作按照一定的步骤逐渐深入或提高。还引申指"遵守"。如"循规蹈矩"，即遵守规矩，现在多指拘泥于旧的规则，不敢稍作变通。

从以上辨析可以看出，"徇"与"循"都有"从"的意思，但这两个"从"是有本质区别的。"徇"是"曲从"，而"循"是"顺从"。抓住这一本质区别，许多问题都会迎刃而解。

链接："循吏"简介

大家都熟悉"清官"一词，指的是廉洁公正的官员。在我国民间，"清官"是普通百姓对官员的最高评价。"清官"是对"好官"的一种民间称呼，在正史中"好官"则称"循吏"。

"循吏"即遵守为官之道、守法循理的官员。其名最早见于《史记·循吏列传》，后为《汉书》《后汉书》直至《清史稿》所承袭。《循吏传》成为正史中记述清正廉洁且有突出政绩的地方官员事迹的体例。一般认为，除了清正廉洁外，能称作"循吏"的官员，还要在经济、教育等方面取得突出政绩。如《汉书·循吏传》记述的第一个"循吏"是文翁，汉景帝末年的蜀郡守。当时蜀地文化水平很低，文翁便选择小吏中较为有才华的人，亲自教诲，然后送到京师深造。学成后提拔成绩优异者。文翁还在蜀地大修官学，让优秀者补为吏员。在文翁的苦心经营下，蜀地文教大行，到京城求学的蜀人与日俱增。文翁成了"兴文教"的榜样。文翁主要是因其教育政绩而获得"循吏"之称的。

膺（赝）品

[病例] 他说，前不久他花了很多钱费了大力气，才买到这个东西，有人却说这是膺品，听了非常郁闷。

【诊断】

"膺品"应为"赝品"。形似致误。

【辨析】

赝，读 yàn，形声字，从贝，从雁，雁亦声，义为"假""伪造"。这是个后起字，它的古字作"雁"。《韩非子·说林》："齐伐鲁，索谗鼎，鲁以其雁往。齐人曰：雁也。鲁人曰：'真也。'"这里的"雁"就是"假"的意思。为什么"雁"有"假"义呢？清吴景旭《历代诗话·赝本》说："鹅酷似雁，而德不然，故凡以伪乱真者曰雁……陆机云：人莫分于真雁。"

古代曾以"贝"为钱币，所以凡是与钱有关的字大多从"贝"，如"赠""贡""货""贷""账""贫""贵""贱"等等。收藏或经营古玩，必须重视真伪，一旦被人以假乱真，将会造成经济上的巨大损失。所以大概在南北朝后，人们就在"雁"字下加上"贝"，造了个"赝"字表示"假"义。唐代韩愈《酬崔十六少府》："前计顿乖张，居然见真赝。"《二十年目睹之怪现象》第四十八回："你那里是甚么金石家，竟是一个制造赝鼎的工匠。"

膺，读 yīng，形声字，从月（肉），雁声。本义指人的心胸。《说文·肉部》："膺，匈（胸）也。"引申指"胸臆""内心"。如"服膺"即把道理、格言等牢记在心里或从内心信服。

"膺"和"赝",字形非常相近,仅"月""贝"与"广""厂"的区别,并且"月"与"贝"、"广"与"厂"也很相像,但音不同,意义则相差更远,使用时一定要认真加以辨识。

链接:"膺""赝"举例

"膺""赝"相互误用的频率非常高,现根据《汉语大词典》,将古今汉语中由两字各自组成的常用词整理如下。

一、由"赝"组成的常用词

赝力:虚假的力量。

赝本:伪托名家手笔的书画、碑帖、刻本。

赝作:伪托的作品。

赝古:假冒的古物。

赝押:假冒的签押。

赝刻:伪托的刻本。

赝卷:伪造的书画卷轴。

赝品:伪造的物品,多指书画、文物。

赝迹:伪造的书画墨迹。

赝造:伪造。

赝托:假借他人名义。

赝书:假造的书信、文件或伪托的书籍。

赝币:伪造的货币。

赝谱:假托的家谱。

赝鼎:伪造的鼎,泛指赝品。

二、由"膺"组成的常用词

膺中:胸前两旁高处。

膺奉:承意侍奉。

膺受:承受

膺肺:内心。

膺骨:胸骨。

膺庭:胸前。

膺教:承宣教化。

膺堂:胸中。

膺冈:纳冈。

膺意:胸臆。

膺惩:讨伐,打击。

膺选:当选。

荣膺:荣幸地获得。

义愤填膺:胸中充满义愤。

水性扬（杨）花

[病例] 水性扬花的女子，往往会用真诚、善良来做伪装，女人因为伪装而更加可怕！

【诊断】

"水性扬花"应为"水性杨花"。音同形似所致。

【辨析】

若要准确理解"杨花"一词，还得先了解汉语中"杨"与"柳"的含义。

从植物学角度分析，杨与柳当然是两种不同的植物。李时珍《本草纲目·木二·柳》中就对这两种植物进行了区分："杨枝硬而扬起，故谓之杨；柳枝弱而垂流，故谓之柳。"杨树与柳树在形态上有明显的区别，前者树枝上扬而后者树枝下垂。

但是，我国古代诗文的"杨柳"，指的并不是杨树与柳树两种树，而仅仅指称"柳树"。《诗经·鹿鸣》："昔我往矣，杨柳依依。"其中的"杨柳"指的是柳。梁元帝《折杨柳》有诗句云："巫山巫峡长，垂柳复垂杨。"其中的"垂杨"指的肯定即"垂柳"，因为"杨"是不可能"垂"的。隋代无名氏《送别》："杨柳青青著地垂，杨花漫漫搅天飞。柳条折尽花飞尽，借问行人归不归？"诗句中"杨柳""杨花""柳条"并用，也足见"杨柳"即"柳"。古代诗文中以"杨柳"指"柳"的例子比比皆是。

柳树的种子，有白色绒毛，在春风的吹拂下，四处飞散如飘絮，故称"柳絮"。也许古人误认为"柳絮"就是"柳

186

树所开的花"，所以常以"柳花"称"柳絮"。南朝陈后主《洛阳道》诗之四："柳花尘里暗，槐色露中光。"其中的"柳花"指的就是"柳絮"。

由于"柳"常称作"杨柳"，故而"柳絮"在古代也常称作"杨花"。北周庾信《春赋》："新年鸟声千种啭，二月杨花满路飞。"其中的"杨花"即"柳絮"。现在还有人用"杨花"指"柳絮"。如曹禺《王昭君》第一幕："你看，柳絮！杨花！多么轻的杨花呀！"

水性杨花，即水性流动、柳絮飘扬，常比喻轻薄女子等用情不专。

汉语中也有"扬花"一词，指水稻、小麦、高粱等作物开花时，花萼裂开，花粉飞散。但不能与"水性"组成"水性扬花"。

链接：杨柳的传说

古代诗文中，"杨柳"并不是杨树和柳树两种树的合成，而是指柳树。上文已经介绍。那么，柳树为什么会被称为"杨柳"呢？

唐代传奇《开河记》（见清代杜文澜《古谣谚》卷九十所引）中记载了一个民间传说：运河开通后，有大臣向隋炀帝杨广献计，在运河干道两堤上栽种垂柳，以起固堤、纳阴等用。炀帝于是下诏，栽种垂柳一株，赏一缣。百姓官员争着在堤上栽柳。炀帝还下令赐垂柳姓杨，这样垂柳便成了"杨柳"。明人冯梦龙在《醒世恒言》、清人褚人获在《隋唐演义》中，均对这个传说进行了演绎，此传说在民间广为流传。

这种说法显然不符合事实，因为在先秦典籍《诗经》中就已经出现了以"杨柳"指称"柳"的用例，隋炀帝之前的南北朝时期，这样的用例更是随处所见。其实"柳"在古代有两种称呼有什么奇怪的呢？一物两名或一物多名的现象难道还少吗？

亦（抑）或

[病例]假使胸脊柱向后弯曲超出了常态，亦或颈或腰脊柱反常地向后凸出，这样便成了驼背。

【诊断】

"亦或"应为"抑或"。音同致误。

【辨析】

抑，读 yì，甲骨文作𢏌，上面是"爪"下面是跪着的人，象以手按住人的头部使跪于地之形。此本"印"字，"印"假借指印章后，加"手"而成"抑"。《西狭颂》碑有句："威仪抑抑。""抑"后又省笔作"抑"。所以，"抑"与"印"本同字，其义是"按""按压"。《玉篇·手部》："抑，按也。"引申指"抑制""控制""压制"。如"抑强扶弱"即压制强暴、辅助弱小，"抑志"即压制自己的志向，"抑情"即克制感情。还引申指"俯""冤屈""贬损""低沉"等等。

也假借作连词，表示选择关系，相当于"还是"。鲁迅《致章廷谦》："买书抑买茶叶，问题非小，一时殊难决定，再想几天，然后奉告。"由于"或"也是一个表示选择关系的连词，所以清代开始，"抑""或"连用而成"抑或"一词。《〈老残游记续集〉自序》："人生果如梦乎？抑或蒙叟之寓言乎？吾不能知。"现代汉语中，"抑或"是个常用连词，用在两项的中间，或用在多项的最后两项的中间，表示从中选择一项。如："是编导的疏忽，抑或是生活的缺乏，导致了影片缺乏真实感。""窗外一棵树，路边一朵花，抑或是天上一片云，都让我着迷如醉。"

亦，读 yì，甲骨文作夰，指事字，从大（即人），以八指明其所欲表示之部位，本义指"人的腋窝"。《说文·亦部》："亦，人之臂亦也。"徐灏注笺："即古腋字也。"

后假借作副词，表示同样，相当于"也""也是"。《集韵·昔部》："亦，又也。"《庄子·田子方》："夫子步亦步，夫子趋亦趋。"夫子，即老师；步，走；趋，疾步快走。这句话的意思是，老师走学生也走，老师跑学生也跑。后世遂以"亦步亦趋"比喻自己没有主张，或为了讨好，每件事都效仿或依赖别人，跟着人家行事。"也""也是"是现代汉语中"亦"的基本义。但"亦"不表示选择关系，不能与"或"组成表示选择关系的连词。

链接：也谈"亦或"

有学者认为，在汉语中也有"亦或"一词。笔者将其论述，简要介绍如下。

"亦"作副词"也"，"或"表示泛指代词"有的人"。它们组合成"亦或"后的含义就是"也有人"。《水经注·湛水》："湛水自向城东南径湛城东，时人谓之椹城，亦或谓之隰城矣。"《陈书·世祖纪》："虽由物犯，图圄淹滞，亦或有冤。"《论衡·物势》："非而曲者为负，是而直者为胜。亦或辩口利舌，辞喻横出为胜。"鲁迅《中国小说史略》："佛教既渐流播，经论日多，杂说亦日出，闻者虽或悟无常而皈依，然亦或怖无常而却走。"例句中均出现"亦或"，意思均解作"也有人"。可见，汉语中确实有"亦或"一词。

笔者认为，这些例句中虽然出现了"亦或"这个组合，但似乎都是临时搭配，还没有凝固成词。这可能就是目前辞书不收"亦或"的原因。认为汉语中有"亦或"一词的观点，还得不到普遍认同。

当然，就算承认"亦或"作为词语的身份，它与"抑或"也是浑身不搭界的。无论如何，"抑或"都是不可写作"亦或"的。

万马齐暗（喑）

[病例] 他在当年的日记中写道："改革开放的号角已经吹响，思想解放的闸门已经打开，万马齐暗的局面即将结束，文艺界将迎来生机勃勃的春天。"

【诊断】

"万马齐暗"应为"万马齐喑"。形似致误。

【辨析】

喑，读 yīn，形声字，从口，音声。本是古代齐宋间的方言词，指"小儿哭泣不已"。《说文·口部》："齐宋谓儿泣不止曰喑。"引申指"因悲痛过度而哽咽，哭不出声来"。如"喑咽"即悲伤哽咽，"喑呜"即悲咽。再引申指"哑"。如"喑人"即哑人，"喑哑"即口不能言或嘶哑。还引申指"缄默不语"。如"喑默"即沉默不言，"喑噎"即沉寂缄默。

"万马齐喑"是个成语，典出宋代苏轼的《三马图赞引》：西域进贡一匹马，身高八尺，头像龙胸如凤，背如老虎花纹似豹子。这匹马到了养马监，振鬣长啸，于是"万马皆瘖"。瘖，同"喑"，今已作"喑"的异体字废除。语例中"万马皆喑"的意思是，其他的马都沉寂无声了。清代龚自珍写过一组《己亥杂诗》，其中有："九州生气恃风雷，万马齐喑究可哀。我劝天公重抖擞，不拘一格降人材。"意思是说：要使国家有生气，必须依靠疾风迅雷的推动，如果整个社会都无声无息，死气沉沉，这种现象是可悲的。我还是奉劝老天爷重新振作起精神来，把各种各样的人材都降生到人间。"万马齐喑"于是用以比喻人们不说话，不发表意见，形容沉闷的局面。如"每一个重大的革命潮流，总是伴随着相应的文化运动，而且文化运动通常在前面开路，掀起震撼大地的风雷，扫荡万马齐喑的局面"。

暗，读 àn，形声字，从日，音声，本义是"光线不足"。引申指"秘密的""糊涂"等义。"万马齐暗"显然不通。

链接：说"瘖"

瘖，读 yīn，形声字，从病，音声。中医中的一种症候，即因某种疾病而不能言语的症状，多因气机郁闭、窍络堵阻、脏器虚耗所致，可用针灸或药物治疗。《素问·宣明五气篇》："搏阳则巅疾，搏阴则为瘖。"王冰注："邪内搏于阴则脉不流，故令瘖不能言。"

由于此症状是"失音"，即不能说话，所以"瘖"引申指"缄默""不说话"。汉语中有"瘖奴""瘖默""瘖聋"等等词语，其"瘖"皆是此义。

可见，"喑"与"瘖"的字义是相通的。这也是苏轼文中作"瘖"而现在成语中作"喑"的原因。

1955年，国家发布了《第一批异体字整理表》，规定"瘖"作为"喑"的异体字废除。从此"瘖"字一律改作"喑"。

心心相映（印）

［病例］一个眼神，一朵浅浅的笑靥儿，或者那尽在不言中的心心相映，无论多少年都不会忘却，那是印在心上的。

【诊断】

"心心相映"应为"心心相印"。音近义混致误。

【辨析】

印，读 yìn，是"抑"的本字，本义是"压抑"。后来另创一"抑"字表示"压抑"义，"印"则假借表示执政者的"印信""印章"，即相当于现在所用的"公章"。《说文·印部》："印，执政者所持信也。"后来私章也可称为"印"。如老舍《骆驼祥子》八："把钱交进去，人家又在折子上画了几个字，打上了个小印。"引申指"痕迹"，如"烙印""脚印""纸上有个印"等等。进一步引申指"留下痕迹"，如"深深地印在脑海里"。还可指"把文字、图像等留在纸上、布上或其他器物上"，如"印书""印文件""排印"等等。

由于印章与它所留下的痕迹是完全符合的，所以"印"还可引申指"符合"。如"印证"即证明与事实完全符合。"心心相印"即彼此的心意相通，思想感情完全一致。

映，读 yìng，形声字，从日，央声，本义是"照"。《小尔雅·广言》："映，晒也。"如"朝霞映红了山脊""阳光映照大地"。因光线照射而显示出物体的形象，也称"映"，如"垂柳倒映在水里""影子映在墙上"等等。由于照出的"影子"或"形象"，总是与原来的物体一起出现，能对原

192

物起到突出、衬托作用，所以"映"又引申出"突出""衬托"义。唐代崔护《题都城南庄》诗："去年今日此门中，人面桃花相映红。"其中的"映"即"衬托"之义。现代汉语中有"相映"一词，意思即"相互衬托"，如"相映生辉""相映成趣"等。

"心心相印"指的是彼此的思想感情完全相符，而不是相互衬托，所以只能用"印"而不能用"映"。

链接：说"印"

印章在我国文化传统中占有重要的地位。不仅广泛用于日常生活中，而且其本身的图案、文字、雕刻等，都有很高的艺术价值。

据说印章源于"三代"。《后汉书·祭祀志》："三皇无文，结绳以治，自五帝始有书契。至于三王，俗化雕文，诈伪渐兴，始有印玺以检奸萌，然犹未有金玉银铜之器也。"根据历史记载和考古发现，印章在春秋战国时期已经较为普遍使用。

陶是印章最古老的材料，后逐渐出现金、银、铜、玉、锡、竹、骨、石等材料。现今印章以多种材料并存，稍以石制居多。

在秦以前，印章通称"玺"。秦以后"玺"专指皇帝之印，以玉制，故称"玉玺"。臣民则称"印"。唐武后改"玺"为"宝"，此后至清则"玺""宝"并用。民间印章还有"印信""记""朱记""图章""戳子"等称呼。

印章后来传到了日本、朝鲜等地，也成为这些地区的文化特征之一。

贪脏（赃）枉法

［病例］应该引起我们深入思考： 群众为什么有那么大的意见，就是因为我们中间有一些领导干部，利用手中的权力，为自己谋私利，贪脏枉法。

【诊断】

"贪脏枉法"应作"贪赃枉法"。音同形似致误。

【辨析】

赃，读 zāng，本义是"盗窃、贪污所得的财物"。《正字通·贝部》："赃，盗所取物。凡非理所得财贿皆曰赃。"鲁迅《阿Q正传》："因为终于没有追赃，他全家都号咷了。"再如"赃车"即偷盗来的车辆，"赃官"即贪污受贿的官吏，"赃款"即通过贪污受贿或抢劫、盗窃等非法手段得来的钱，"赃物"即通过贪污受贿或抢劫、盗窃等非法手段得来的物品。

贪赃枉法，指官员收受贿赂，利用职权歪曲或破坏法律。如马南邨《燕山夜话·陈绛和王耿的案件》："陈绛在福建，据说贪赃枉法，声名狼藉。"

脏，可读 zàng，是"臟"的简化字，指"内脏"。如"心脏""肾脏""五脏六腑"等等。还可读 zāng，是"髒"的简化字，本义是"不清洁""污秽"。鲁迅《孔乙己》："穿的虽然是长衫，可是又脏又破。"引申指"弄脏"。《儿女英雄传》第三回："咱一来是为行好，二来也怕脏了我的店。""赃款""赃物"等确实不干净，但也不能把"赃"写成"脏"，因为"脏"的东西，未必是抢来贪来的。因此

"贪赃枉法"绝对不能写成"贪脏枉法"。

链接："贪赃枉法"补说

　　"贪赃枉法"是个成语，原作"受赇枉法"，出自《史记·滑稽列传》："又恐受赇枉法为奸，触大罪，身死而家灭。"赇，读 qiú，贿赂。"受赇枉法"即接受贿赂，歪曲、破坏法律。

　　后世一般作"贪赃枉法"，指官员贪财受贿，违法乱纪。如《喻世明言》二十一："做官的贪赃枉法得来的钱钞，此乃不义之财，取之无碍。"也作"贪赃坏法"。如元曲《包待制陈州粜米》第二折："谁想那两个到的陈州，贪赃坏法，饮酒非为。"还作"坏法贪赃"。如清代李雨堂《万花楼杨包狄演义》八："立要奏明圣上，究问他一个坏法贪赃之罪。"

醮（蘸）墨水

[病例] 毛笔不能含较多的墨水，蘸墨水要适当，不然笔尖一着纸，墨水就会在纸上泛滥。

【诊断】

"醮墨水"应为"蘸墨水"。形似致误。

【辨析】

蘸，读 zhàn，形声字，从艸，醮声，本义是"将物体浸入水中"。《玉篇·艸部》："蘸，以物内水中。"宋代辛弃疾《菩萨蛮·赠周国辅侍人》："画楼影蘸清溪水，歌声响彻行云里。""画楼影蘸清溪水"的意思就是画楼的影子投在清澈的溪水中，引申指"以物沾水或糊状的东西"。如《水浒传》第三十一回："（武松）连吃了三四钟，便去死尸身上割下一片衣襟来，蘸着血，去白粉壁上大写下八字道：'杀人者打虎武松也。'"在古汉语中，"蘸"还通"站"，指驿站。由"蘸"组成的词语如"蘸甲"即指酒斟满，捧杯蘸指甲，表示畅饮；"蘸立"即踮起脚跟站立；"蘸破"犹吵醒；"蘸钢"即经过淬火工艺的钢；等等。

醮，读 jiào，形声字，从酉，焦声，本义指"古代冠礼、婚礼的一种仪式"。《玉篇·酉部》："醮，冠娶妻也。"据研究，这种仪式非常简单，就是尊者给卑者酌酒，卑者接受敬酒后饮尽，不需回敬。引申指"女子嫁人"。现在人们还常用的"再醮""改醮"，即指寡妇再次嫁人。白采《被摈弃者》："他们只为了贪懒惰的原故，便不再醮，以为名节。"也引申指"祭神"。后世特指"道士设坛祈祷"。《红

196

楼梦》第二十九回："原来冯紫英家听见贾府在庙里打醮，连忙预备猪羊香烛茶食之类的东西送礼。"其中的"打醮"即指道士设坛念经做法事。

蘸墨水，即用钢笔或毛笔沾墨。显然是"蘸"而不是"醮"。

链接："太平清醮"简介

太平清醮，是民众酬谢神恩、祈求国泰民安的盛大仪式，也是现在还广泛流行的道教传统，传承了丰富的民间风俗文化，在四川、福建、台湾、广东及香港一带特别盛行。

在香港，太平清醮主要由来自广州或东莞的道长主持，按一套古老传统程序进行。比如新界乡村通常举行"五日醮"，共有"竖幡""开坛""启坛""禁坛""分灯""迎圣""放生""大幽""行符""送神"等等十多项分日进行。在太平清醮举行期间，禁杀戒荤。比如长洲实行全岛禁荤，岛上居民及游客皆茹素吃斋，就连麦当劳也只有素包供应。

香港各地举办的太平清醮，是当地每年规模最大的传统节日活动，吸引不少国内外游客慕名前来参观。

蜇（蛰）居

【诊断】

"蜇居"应为"蛰居"。音近形似所致。

【辨析】

蛰，读zhé，形声字，从虫，执声。本义指"动物冬眠，潜伏起来不食不动"。《尔雅·释诂一》："蛰，静也。"《说文·虫部》："蛰，藏也。"段玉裁注："蛰，凡虫之伏为蛰。"王筠《说文解字句读》："虫冬至，即蛰隐不出也。"引申指"冬季藏伏起来的动物"。《广韵·缉韵》："蛰，蛰虫。"宋代王禹偁《春居杂兴》有诗句云："一夜春雷百蛰空，山家离落起蛇虫。"再引申指"长期隐居，不出头露面"。如梁启超《中国国会制度私议》："而多数原选举人，蛰处乡僻。"其中的"蛰处"即作"隐居"讲。

蛰居，即像动物冬眠一样长期躲在一个地方，不出头露面。如鲁迅《书信集·致姚克》："近来天气不大佳，难于行路，恐须蛰居若干时，故不能相见。"

蜇，读zhē，形声字，从虫，折声，本义是指"毒虫叮刺"。《玉篇·虫部》："蜇，虫螫（shì，毒虫或毒蛇咬刺）也。"《醒世姻缘》九十五回："绝不看个眼色，冒冒失失的撩一撩蜂，惹的个这哄哄的一声，蜇了个七死八活。"引申指"刺痛"。《列子·杨朱》："乡豪取而尝之，蜇于口，惨于腹。"

蜇，还读 zhé，即"水母"，一种腔肠动物，俗称"海蜇"。身体半球形，上半部隆起呈伞状，俗称海蜇皮，下半部有口腔八条，俗称海蜇头。

可见，"蛰居"不能写作"蜇居"。

链接："施蛰存"的名字

大家都熟悉"施蛰存"先生，他是现当代文坛上的大师。翻开鲁迅的杂文可发现，施先生以"洋场恶少"等身份，赫然入列鲁迅先生的骂人名单之中。名单上还有"刽子手"胡适、"乏走狗"梁实秋等等名流。当代学者倾向认为，这完全是一场文化误会！对此笔者不做讨论。

在报刊图书上，经常见到有人把"施蛰存"误为"施蜇存"。不信，你把"施蜇存"三字输入网络的搜索框中点击，保证会出现许许多多含有"施蜇存"的网页。写错施先生大名的人，显然对"蛰存"二字的含义不够了解。"蛰存"即"蛰"而"存"之，即"蛰伏"起来以求得长久"生存"。施先生去世时 99 岁，在中国文坛上是一位名副其实的长寿作家。也许这正是"蛰存"的意义所在。怪不得有人说："施蛰存的名字，隐藏着生命策略的密码。""蜇存"即"像海蜇一样生存"？这显然有辱大师的形象！

但愿，人们以后再不要把"施蛰存"误作"施蜇存"了。

饮鸩（鸠）止渴

[病例] 在市场竞争日趋激烈的今天，厂家不在产品质量上下功夫，而热衷于打价格战，这无异于饮鸩止渴。

【诊断】

"饮鸠止渴"应为"饮鸩止渴"。形似致误。

【辨析】

鸩，读 zhèn，形声字，从鸟，尤声。它的本义是指传说中的一种"毒鸟"，雄的叫运日，雌的叫阴谐，喜食蛇，用其羽毛泡酒能毒杀人。《说文·鸟部》："鸩，毒鸟也。"也指"毒酒"。如郭沫若《瓶》诗之六："有鸩不可遽饮，有情不可遽冷，有梦不可遽醒。"还指"以毒酒杀人"。如《国语·鲁语上》："晋人执卫成公归之于周，使医鸩之，不死，医亦不诛。"引申指"毒害"。如李劼人《天魔舞》第三章："像我们主人陆旅长……发了国难财不算，还年年吵着要加我们的租，生怕把我们当佃客的穷人鸩不死！"

"饮鸩止渴"，即用毒酒止住口渴，比喻不顾后患而用有害的办法解决目前的困难。

鸠，读 jiū，形声字，从鸟，九声。古代作祝鸠、鸤鸠、鹘鸠、爽鸠、鹘鸠的总称，现在是鸠鸽科部分鸟类的通称，常指山斑鸠及珠颈斑鸠两种，状如野鸽，头小胸凹，灰色，有斑纹，长尾，尾端白。"鸠"拙于筑巢，常占领其他鸟类的巢。汉语中有个成语叫"鹊巢鸠占"，意思是喜鹊的巢被鸠霸占了，比喻强占别人的住处、财产、成果等。鸠喜群居，所以汉语中有"鸠合""鸠集"，表示集合、联合。

鸠，没有毒，汉语中没有"饮鸠止渴"的说法。

链接："饮鸩止渴"的出处

"饮鸩止渴"出自《后汉书·霍谞传》："譬犹疗饥于附子，止渴于酖毒，未入肠胃，已绝咽喉，岂可为哉！"附子，乌头的侧根，有毒，中医可入药。酖，即鸩。《旧五代史·晋书·高祖纪论》："饮鸩浆而止渴，终取丧亡，谋之不臧，何至于是！"茅盾《三人行》："少爷出身的你不知道穷人的艰难；借印子钱，饮鸩止渴，也是没有法子呀！"

也可作"饮鸩解渴"。如《辛亥革命·武昌起义·清吏条陈》："此时危急情形，等于燃眉，若再恃新军为保卫，无异饮鸩解渴，其危险有不忍言者。"

旁证（征）博引

[病例] 他在美国讲学期间，经常和青年学生们谈古论今，旁证博引，不时用几种外国语与学生交谈。

【诊断】

"旁证博引"应为"旁征博引"。音近形似义混致误。

【辨析】

征，读 zhēng，繁体字作"徵"，会意字，"微"（省"几"）"壬"会意。壬，义为"大"。"微""壬"表示由小到大。我国古代曾流行"徵召"制度，即通过考查后，把德行、才学优异的人选拔到朝廷做官，这就是"徵"。被"徵"到朝廷的"小"人物，往往会赢得"大"名声。段玉裁《说文解字注》："徵，召也，从壬从微省，壬微为征。行于微而闻达者，即徵也。"可见，"徵"的本义是"召"。引申为"求取""索取""敛取""徭役"等等。简化字颁布实施后，"徵"简化成"征"。

汉语中有"征引"一词，义为"引用"。古今都很常用。如刘师培《论近世文学之变迁》："盖行文之法，固不外征引及判断二端也。"郭沫若《文学的本质》："我们请从他论诗的一章中征引几首最简单的出来吧。"大约在清代，出现"博引旁征"一格，指讲话、作文时广泛地引用大量材料作为依据和例证。如清王韬《淞隐漫录·红芸别墅》："生数典已穷，而女博引旁征，滔滔不竭，计女多于生凡十四则。"上世纪初，逐渐形成"旁征博引"一词。如鲁迅《中国小说史略》第二十四篇："史湘云影陈维崧，宝钗、妙玉则从徐说，旁征博引，用力甚勤。"沙汀《祖父的故事·巡官》："老头子又会说那是官腔，不可靠的，而且旁征博引些实事来证明一切官腔之不可靠。"

证，读 zhèng，形声字，从言，正声，本义是"劝谏"。《说文·言部》："证，谏也。"《战国策·齐策一》："士尉以证靖郭君，靖郭君不听。"高诱注："证，谏也。"此义现在很少使用。古汉语中，还有一个"證"字，也读 zhèng，形声字，从言，登声，本义是"告发"。《说文·言部》："證，告也。"引申指"验证""证明"。《广雅·释诂四》："證，验也。"再引申指"凭据""证据"。简化字实施后，"證"简化成了"证"，于是"证"字身兼两职，表示古汉语中"证""證"两字的字义。

"旁证博引"也许可以理解成广泛地证明、大量地引用。但这不符合逻辑，因为只能"引"在前"证"在后，而不能先"证"后"引"。

链接："旁引曲证"简说

在汉语中，在表示大量地引用、多方地证实时，本有一个成语，即"旁引曲证"。

此成语或出自宋代朱熹《楚辞集注序》："至其大义，则又皆未尝沉潜反复、嗟叹咏歌，以寻其文词指意之所出，而遽欲取喻立说，旁引曲证，以强附于其事之已然。"

此成语还作"旁引曲喻"，"喻"即晓喻、说明、义同"证"。如宋代胡梦昱《大理少卿徐瑄上史丞相书》："此必然之理，不待旁引曲喻而后知也。"

如果要表达大量地引用、广泛地证实，笔者建议用"旁引曲证"或"旁引曲喻"，而不要用"旁证博引"。

装祯（帧）

[病例]装祯这个名词是外来语，包括一本书从里到外的各方面的设计，以及书本身以外的附件，如书函、书箱之类等等。

【诊断】

"装祯"应为"装帧"。音近形似致误。

【辨析】

帧，读 zhèng，形声字，从巾，贞声，本义指"画幅"。《正字通·巾部》："帧，……绢画在竹格也。"明代汤显祖《牡丹亭·写真》："偶成一诗，暗藏春色，题于帧首之上。"意思是把诗题写在画幅的头上。可作量词，用于书画作品、照片等。鲁迅《致姚克（一九三四年一月二十三日夜）》："一月八日信早收，并木刻四帧。"

装帧，指书刊的封面、插图等美术设计和版式、装订形式等技术设计。这个词大约是上世纪初，现代出版印刷技术兴起后才出现的。鲁迅《致增田涉》："《中国小说史》豪华的装帧，是我有生以来，著作第一次穿上漂亮服装。"巴金《沉落》："而且每一本书的装帧都是很考究的。"

祯，读 zhēn，形声字，从示，贞声，本义指"吉兆"。《说文·示部》："祯，祥也。"徐锴《说文解字系传》："人有善，天以符瑞正告之也。"引申指"福""善"。《广韵·清韵》："祯，善也。"在古今汉语中，有许多由"祯"组成的词语，如"祯休"即吉祥美善，"祯命"犹符命，"祯泰"即吉祥安定，"祯祥"即吉祥的征兆或吉祥幸福，"祯祺"即吉祥，"祯异"即吉兆，"祯瑞"犹祥瑞。

链接：说"桢"

可能还是因为形似音近的缘故，我们偶尔也会见到有人把"祯"或"帧"误成"桢"。如下例：

1. 通过这部书的设计，可以证明鲁迅对书籍装桢的精通了。

2. 长安现麒麟，王公大臣都认为是百年不遇的桢瑞。

显然，前一句中的"装桢"应作"装帧"，后一句的"桢瑞"应作"祯瑞"。

桢，读 zhēn，也是形声字，从木，贞声。本义是木名，即"女贞"。《山海经·东山经》："又东二百里，曰太山，上多金玉、桢木。"郭璞注："女贞也，叶冬不凋。"引申指筑墙时竖在两端的木柱，再引申指支柱、主干。汉语中，由"桢"组成的词语也不少，如"桢臣"即栋梁之臣，"桢材"犹才干，"桢弼"指栋梁辅弼之臣，"桢固"犹支柱、骨干。

脍炙（灸）人口

[病例]新世纪的作家，创作了大量脍灸人口的文学艺术作品，但也深为作品屡遭剽窃、盗用而苦恼不堪。

【诊断】

"脍灸人口"应为"脍炙人口"。形似致误。

【辨析】

炙，读 zhì，会意字，从肉在火上，本义是"烧烤"。《说文·炙部》："炙，炙肉也。"也指"烤熟的肉"。如"残羹冷炙"中的"炙"就是烤肉，"炙羊"即烤羊肉。引申指"烤""烧灼"。如"烈日炙人"即烈日烤人，"大火炙面"即大火烧灼面孔。还引申指"热""烫"。如"炙手可热"即手一挨近就感到烫热，比喻气焰很盛，权势很大。"炙热"即炽热。也引申指"暴晒"。如"炙阳"即在太阳下暴晒，"炙肤皲足"即皮肤晒焦足部冻裂，形容农民耕作辛苦。

脍，即切得很细的鱼或肉；炙，即烤肉。"脍炙人口"是个成语，意思是美味人人都爱享用，比喻好的诗文或事物，为众人喜欢、赞美。

灸，读 jiǔ，形声字，从火，久声。本义是指中医的一种疗法，即用燃烧的艾绒熏灼人体的穴位或患部，常和"针"合称为"针灸"（"针"是把毫针按一定的穴位刺入患者体内，用捻、提等手法来治病）。汉语中有许多由"灸"构成的合成词。如"灸眉"即用艾炷烧灼眉头以治狂疾，后多指自己狂放为人所攻讦；"灸客"即接受灸疗的病人；"灸师"

即以灸术治病的医师。

链接："针灸"在西方

针灸是中医学中的传统方法。由于其理论基础源于中医学中的脏腑阴阳经络学说，与西方医学的思维模式相距甚远，西方对针灸的质疑，一直没有停止过。不过，随着了解的不断深入，西方的看法也逐渐在改变。

世界卫生组织在其出版的刊物中，认可了针灸在治疗某些病症中的作用。德国雷根斯堡大学的迈克尔·哈克博士曾主持一次实验，对1162名腰痛病患者分组，分别进行针灸、常规治疗。发现腰痛情况好转的人，针灸组有47.6%，常规治疗组有27.4%。2006年美国国立卫生研究院的一份报告指出：临床研究记录了针灸的效果，但是美国使用的西方医学系统还不能完全解释针灸是如何起作用的。此研究院下属17个研究所或中心，其中美国国立替代与补充医学中心，专门从事研究包括中医在内的"非西方主流医学"。针灸是其中的研究热门之一。他们的研究结果，肯定了针灸对治疗头痛、腰背痛、呕吐以及膝关节炎的疗效。

淳淳（谆谆）告诫

[病例]他的行装里，藏有一本读过无数次的《中国简史》，耳边时时响起父亲的淳淳告诫，心中燃烧起一团报国的火焰。

【诊断】

"淳淳告诫"应为"谆谆告诫"。音近形似致误。

【辨析】

谆，读 zhūn，形声字，从言，享（本作𦎍，读 chún，纯熟）声。本义是指"教诲不倦的样子"，多叠用。

谆谆，汉语中常用的叠音词，一般指"反复告诫、再三叮咛的样子"。如吴晗《他们走到它的反面》："在逝世前，还谆谆告诫夫人：'有一件事得记住，我是在拒绝美援面粉的文件上签过名的。'"也形容"啰唆、絮絮不休的样子"。《西游记》第三十八回："老高，你空长了许大年纪，还不省事……替你家擒得妖精，捉得鬼魅，拿住你那女婿，还了你女儿，便是好事，何必谆谆以相貌为言！"还形容"忠谨诚恳的样子"。《后汉书·卓茂传》："劳心谆谆，视人如子，举善而教，口无恶言。"李贤注："谆谆，忠谨之貌也。"

"谆谆告诫"即恳切耐心地教诲劝告，用的是"谆谆"的第一义。

淳，读 chún，从水，𦎍声。本义是"味道浓厚"，即"醇"的假借字。清代朱骏声《说文通训定声·屯部》："淳，假借为醇。"引申指"质朴""敦厚"。如"淳人"即质朴敦厚的人，"淳正"即忠厚正直，"淳美"即纯朴美好，"淳善"即敦厚和善。古汉语中也有"淳淳"一词，形容敦厚的样子。唐代张绍《冲佑观》："皇风荡荡，黔首淳淳。"诗中用"黔首淳淳"写老百姓纯朴敦厚。看来此"淳淳"非彼"谆谆"，"淳淳告诫"大不通矣！

链接："谆谆告诫"的出处

"谆谆告诫"是个成语，典出《诗经·大雅·抑》："诲尔谆谆，听我藐藐。"藐藐：轻视的样子。这句话的意思是，恳切地不知疲倦地教导你，你却若无其事地不放在心上。

后世用"谆谆告诫"指恳切地不厌其烦地劝告。宋代费衮《梁溪漫志·闲乐异事》："既退，命诸子、子妇皆坐，置酒，谆谆告诫。"毛泽东《整顿党的作风》："他们总是谆谆告诫我们，要密切联系群众，而不要脱离群众。"刘绍棠《西苑草》五："他也接到了中宣部的信，鼓励他大胆发表自己的论见，同时谆谆告诫他，不要被骄傲自满的细菌侵蚀。"

图书在版编目（CIP）数据

字误百解 / 黄安靖著 . -- 上海：上海文化出版社，
2018.8（2021.3重印）
（咬文嚼字文库 . 慧眼书系）
ISBN 978-7-5535-1270-9

Ⅰ.①字… Ⅱ.①黄… Ⅲ.①汉字—错别字—辨别
Ⅳ.① H124.1

中国版本图书馆 CIP 数据核字 (2018) 第 139985 号

字误百解

黄安靖 著

责任编辑：蒋逸征
装帧设计：王怡君

出　版：上海文化出版社　上海咬文嚼字文化传播有限公司
地　址：上海绍兴路 7 号 2 楼
邮　编：200020
发　行：上海文艺出版社发行中心发行　上海市绍兴路 50 号
印　刷：上海景条印刷有限公司
规　格：889×1194 1/32
印　张：6.625
版　次：2018 年 8 月第 1 版 2021 年 3 月第 9 次印刷
书　号：ISBN 978-7-5535-1270-9/H.016
定　价：29.00 元

告读者：如发现本书有印刷质量问题请与印刷厂质量科联系
电　话：021-51004555